보/람/있/는/삶 아/름/다/운/마/무/리

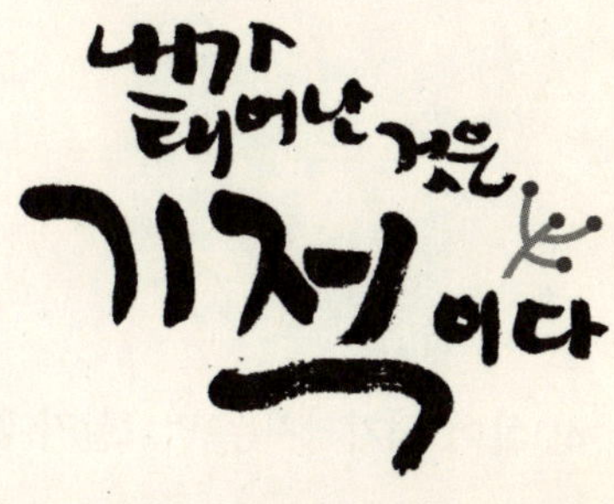

내가 태어난 것은 기적이다

수선재

40살이 되기까지는 먹고살기에 바빠, 아니 세상을 즐기며 사느라 딴 생각할 틈이 없었지요. 40살이 넘으면서 생활에 여유가 생기자 근원적인 문제에 대한 의문이 고개를 들더군요.

'나는 왜 이 세상에 태어났을까? 왜 요 모양 요 꼴로 태어나 고생고생하며 사는가? 나는 갑자기 생겨난 존재인가, 아니면 어디로부터 온 존재인가? 그리고 죽은 후에는 그냥 사라지는가, 아니면 어디로 가는가?'

잘 풀리지 않는 의문에 대한 해답을 찾아다녔어요. 풀리지도 않는 골치 아픈 문제에 빠지지 않고 재미있게 살 수도 있었지만 한번 그 문제에 빠져드니 헤어날 수가 없었어요. 의문에 의문이 이어지고 의문을 쫓아가다 보면 의문이 꼬리를 물어 뒤죽박죽 아는 게 하나도 없어 머리가 터질 것만 같았지요.

제가 특별한 사람이기 때문일까요? 그건 아니겠지요. 대부분의 사람들이 저와 비슷한 의문을 가지고 있지만, 해답을 모르고, 그걸 해결할 방법이 없으니 그런가 보다 하면서 사는 것이겠지요. 그걸 몰라도 사는 데 별 지장이 없고 나름대로 잘 먹고 잘 살 수 있으니 풀리지도 않는 의문을 안고 그걸 풀겠다고 끙끙대며 궁상스런 삶을 살기보다는 '에라, 모르겠다' 하면서 편하게 사는 것이 오히려 당연하겠지요.

그런데 세상 사람이 모두 똑같다면 세상살이가 재미없지요. 남이야 무엇이라 하건 이 문제를 풀어보겠다고 헤매는 인간이 있으니 제가 바로 그런 인간이었어요. 해결책을 찾아 이곳저곳 기웃거렸지요. 책을 읽기도, 종교를 기웃거리기도 하였지만 시원한 답변을 얻을 수 없어 마음만 답답하였어요. 그러다 『선계에 가고 싶다』라는 책을 만났어요.

'이 세상은 눈에 보이는 물질적인 세상과 눈에 보이지 않는 기적인 세계로 이루어졌다. 물질적인 세계와 기적인 세계는 동전의 앞뒷면과 같이 동시에 존재하면서 서로 도움을 주고받고 있다'는 말을 듣고 눈이 번쩍 뜨이는 것을 경험할 수 있었어요. 그렇게 기뻐하면서 시작한 명상에 대한 공부가 벌써 15년이 지났네요.

그전에는 왜 살아가야 하는지, 내가 왜 태어났는지에 대하여 별다른 생각 없이 하루하루를 보냈다면 명상을 하고부터는 내가 이 세상에 태어난 이유는 나의 오랜 열망 때문이라는 것을 알게 되었어요. 나라는 영혼이 우주의 어느 공간에 있다가 영혼의 빠른 성숙을 위해 지구로 태어나는 모험을 감행했다고요. 지구는 전 우주에서도 보기 드문 고난이도의 수련별이라는 것도 알게 되었지요. 지구라는 별의 특성상 한번 입학하면 전생의 모든 기억과 능력을 지워야 하고 그전의 내가 쌓았던 능력보다 한 단계 높은 발전을 이룩할 때 비로소 윤회의 사슬에서 벗어나 원래 자리로 돌아갈 수 있다는 것도 알게 되었지요.

또 이 세상은 눈에 보이는 세상은 고작해야 1%이고, 눈에 보이지 않는 세상이 99%임을 알게 되었죠. 우리가 살면서 뜻하지 않게 부딪히는 일들, 말로는 설명할 수 없는 일들이 알고 보니 보이는 것이 전부가 아닌 세상에 살아가기 때문이더군요. 저도 예전에는 그저 돈 잘 벌고 잘 먹고 잘 살면 그게 좋은 인생이라 생각했지요. 그러나 인간이 동물과 다른 점은 영적인 존재라는 것이었어요. 명상을 통해 나에 대해 알고, 구체적으로 나의 생각과 마음을 변화시키고, 그럼으로써 가벼워지는 자신을 느낄 수 있었답니다. 내가 이 세상에 왜 태어났는지, 또 사람이 죽으면 어떻게 되는지를 배운 다음에는 세상을 좀 더 주체적으로 살 수 있게 되었지요.

한편, 죽음에 대하여 대다수의 사람들이 두려움을 느끼지요. 저 또한 죽음에 대하여 큰 두려움을 가지고 있었어요.

초등학교 시절 한동안 죽음에 대한 두려움에 싸여 있던 때가 있었어요. '죽으면 어떻게 되나, 죽으면 어디로 가나, 어떻게 하면 죽지 않을 수 있을까?'라는 생각에 잠을 이루지 못했답니다. 캄캄한 곳에 가기가 두려웠고, 눈을 감고 잠이 들면 죽고 다시 깨어나지 못할까 하여 잠이 들지 못했어요. 다행스럽게도 세월이 지나자 그것이 극복되었지만 그때 이후로 죽음은 늘 두렵고 생각하기 싫은 일이어서 죽음을 생각하지 않고, 주검을 마주 대하지 않으려고 노력했답니다.

그러던 2006년 가을, '아완사(아름다운 완성을 행하는 사람들)'라는 아름다운 죽음문화를 알려 나가는 단체의 회장을 맡게 되었습니다. 자신은 없었지만 선출이 되었으니 그 직책을 맡을 수밖에 없었어요. 일단 직책을 맡으면 최선을 다하는 성격이라 어쩔 수 없이 죽음 문제를 공부하고 주검을 다루는 일을 하게 되었지요.

우선 장례지도사 교육과정에 등록하여 공부하기로 하였지요. 그런데 시신을 다룰 생각을 하니 걱정이 태산이었죠. 50대 중반의 나이에 시신 보기가 두려워 공부를 못 하겠다고 할 수는 없어서 울며 겨자 먹기로 시작할 수밖에 없었지요. 교육과정 중에 시신을 다루는 실습이 있기는 하나 실제 시신이 아니고 마네킹과 다른 수강생을 모델로 하므로 별 어려움 없이 교육과정을 마칠 수 있었어요.

그 후 동료가 상을 당하여 내가 직접 염습을 해야 하는 기회가 생겼답니다. 상가를 찾아가면서 다른 사람에게 말도 못하고 무서움을 어떻게 극복할까, 홀로 걱정이 태산이었어요. 그런데 안치실에서 난생처음으로 고인의 시신을 대면했는데 걱정했던 것과는 달리 이상하게도 두려운 감정이 전혀 없더군요. 동료들과 함께 살아있는 사람을 대하듯이 옷을 벗기고 몸을 닦고 수의를 입히는 염습과정을 차분히 진행하여 무사히 마쳤지요.

그날 저녁 혹시 꿈속에 시신이 나타나지 않을까 하는 걱정이 일부 남아있었으나 그날 저녁에도 그 이후에도 아무런 일이 일어나지 않았어요. 저의 죽음에 대한 두려움이 상당 부분 해소된 순간이었지요. 그때 이후 몇 년간에 걸쳐 죽음과 사후세계 문제에 대하여 공부하고, 장례식장에서, 그리고 무덤 이장을 통해서 다양한 주검을 경험하면서 죽음의 두려움에서 거의 벗어났답니다.

그러나 아직까지도 저에게 있어 죽음은 익숙하고 자연스러운 것이 아니라 거북스럽고 피하고 싶은 것이랍니다. 스스로 죽음 문제에 대하여 많이 공부했다고 생각하는 저의 생각이 이러한데 보통 사람들이 생각하는 죽음은 어떠할까 하는 생각을 해요.

이 책에는 인간이 이 세상에 태어나는 이유, 왜 다양한 모습으로 살아가야 하는지에 대한 이야기와 결혼과 출산에 대한 새로운 시각을 제시하고, 어떠한 삶을 살고 죽음을 맞이하는 것이 바람직한지에 대한 이야기가 실려 있습니다. 마지막으로 아름다운 마무리에는 장례문화의 개선에 대한 저의 의견이 실려 있지요. 이 책의 내용 중에는 여러분들이 처음 접하시는 내용이나 알고 있는 상식과 다른 이야기도 있을 수 있지만 쉽게 받아들일 수 있으리라고 생각해요.

얼마 전 드라마 '별에서 온 그대'가 큰 인기를 끌고 종영되었지요. 400년 전 UFO를 타고 조선 땅에 온 외계인이 여전히 같은 모습으로 서울에 살고 있다는 조금은 황당한 상상에서 시작되었지만 잘생긴 외계인 도민준은 국내 여성 팬뿐만 아니라 중국 등 한류 팬들의 마음마저 흔들었지요. 어쨌든 그 드라마 덕분에 사람들은 한 번쯤 외계에도 생명체가 있을 수 있다. '지구뿐만 아니라 다른 별에도 도민준 같은 사람이 살 수 있다'고 생각하게 되었어요.

외계 생명체를 찾아가는 과정을 그린 영화 '콘택트(Contact)'도 사람들의 인식의 지평을 넓히는 데 한몫했지요. 저도 좋아하는 영화인데요. 이 영화엔 아직도 잊히지 않는 명대사가 있습니다.

'이렇게 큰 우주 공간에 생명을 가진, 지능이 있는 존재가 우리뿐이라면 그것은 정말 엄청난 공간 낭비가 되겠지'입니다.

정말 그렇게 생각하지 않으세요? 이렇게 드넓은 우주에 지적인 생명체가 지구의 인간 한 종이라면 그거야말로 엄청난 공간의 낭비가 아닐까요?

명상 15년을 하면서 선생님을 통해 태어남과 죽음에 대하여 보통사람들이 알지 못하는 많은 것들을 알게 되었지만, 대중들에게 알리는 방법을 찾지 못하여 인연 닿는 분들에게 개별적으로 알리는 수준이었답니다. 이제 제가 공부한 내용 중 여러분에게 도움이 될 것 같은 내용들을 모아 함께 생각해 보는 기회를 가지려고 해요. 이 책을 통하여 많은 분들이 태어남과 죽음에 대한 올바른 시각을 가질 수 있기를 기원 드립니다.

마지막으로 끝없는 사랑으로 가르침을 주신 선생님께 감사드리며, 제 원고가 책이 되어 나오도록 손질해주신 김예진 님과 수선재북스, 책이 나오기까지 도움을 주신 도반님들에게 이 자리를 빌려 감사의 인사를 올립니다.

# 목 차

첫<br>째<br>마<br>당

내가 태어난 것은
# 기 적 이 다

첫째 마당 ● 내가 태어난 것은 기 적 이 다

## 기적과도 같은 나의 탄생

우린 왜 세상에 태어났을까요? 아버지 어머니의 사랑의 부산물로 어찌하다 보니 저절로? 아니면 다른 특별한 이유가 있을까요? 그냥 어쩌다 보니 태어났다고 하기엔 나를 너무 비하하는 것 같고, 맘속으로 내가 좀 특별할지도 모른다고 생각하는데……. 실제 나는 특별할 것 같은데…….

독자분들은 어떤가요?

물론 태어나는 것 자체가 특별한 일이죠. 너와 나를 비롯한 이 세상 모든 사람의 탄생은 기적과 같은 일이며 자랑스러워할 만할 사건이죠. 태어나는 것은 일생일대의 이벤트라고 할 수 있잖아요. 하지만 이것을 느끼며 살아가는 사람은 거의 없죠. 특히 어렵고 힘든 환경에 처했을 때는 자신이 소중한 존재라고 생각하기가 더더욱 어렵죠.

저는 자랄 때 자신에 대해 불만이 많았어요. 가난한 집에 막내로 태어나 먹는 것도 입는 옷도 항상 변변치 못했거든요. 게다가 6살 되던 해 어머니가 돌아가셨어요. 어머니에 대한 기억은 별로 없지만 함께 있으면 따뜻하고 편안했던 분이셨어요. 그런 어머니가 돌아가신 후 아버지는 새로 결혼을 했어요. 새어머니는 요즘 식으로 표현하면 이중적인 면이 있는 분이셨죠. 집에 아버지가 계시거나 손님이 있을 때는 세상에 없는 자상한 어머니였지만, 아버지가 안 계실 땐 집안은 한겨울 시베리아 벌판 같은 싸늘함이 맴돌았거든요. 어렸던 저는 어머니의 불호령이 언제 떨어질지 몰라 전전긍긍하며 숨조차 크게 쉬지 못했던 것 같군요.

나도 다른 친구처럼 좋은 부모님 곁에서 잘 먹고 잘 살고 싶은데 왜 이런 부모에게서, 왜 이런 환경에 태어났을까. 짜증도 나고 남몰래 한숨도 쉬었죠. 이게 운명인지 아닌지는 몰랐지만 제 힘으로는 어쩔 수 없었기 때문에 그냥 저냥 현실에 순응하며 살 수밖에 없었죠. 매일을 새어머니에게 야단맞지 않으려고 눈치 살피면서요. 나이 든 지금도 그때를 생각하면 짜증이 나곤 합니다. '왜 내가 그렇게 살았을까?' 하고 말이죠. 지나간 일을, 그것도 좋은 일도 아닌데 새삼스레 꺼내는 이유는 앞으로 제가 할 이야기와 관련이 있기 때문입니다.


**불교에서 쓰는 맹구우목盲龜遇木이라는 말 들어보셨나요?**

어느 날 연못 주변을 산책하시던 부처님께서 제자 아난다에게 물었습니다.
"아난다야, 큰 바다에 눈먼 거북이 한 마리가 살고 있다. 이 거북이는 백 년에 한 번씩 물 위로 머리를 내놓는데 그때 바다 한가운데 떠다니는 구멍 뚫린 나무판자를 만나면 잠시 거기에 목을 넣고 쉰다. 그러나 판자를 만나지 못하면 그냥 물속으로 들어가야 한다. 과연 눈먼 거북이가 나무판자를 만날 수 있겠느냐?"
아난다는 "그럴 수 없습니다"라고 대답했습니다. 눈까지 먼 거북이가 백 년에 한 번씩 머리를 내밀 때 넓은 바다에 떠다니는 구멍 뚫린 나무판자를 만난다는 것은 확률적으로 도저히 불가능한 것이기 때문이었습니다.

부처님께서 다시 말씀하셨습니다.

"눈먼 거북이는 넓은 바다를 떠다니다 보면 혹시 구멍 뚫린 나무판자를 만날 수 있을지도 모른다. 그러나 어리석고 미련한 중생이 사람으로 태어나기란 저 거북이가 나무판자를 만나기보다 더 어렵다."

— 잡아함 15권 『맹구경』

백 년에 한 번씩 숨을 쉬기 위하여 물 위로 머리를 내놓는 거북이가 망망대해를 떠다니는 구멍 뚫린 판자를 만나는 것은 거의 불가능에 가깝죠? 그것도 눈뜬 거북이가 아니라 눈먼 거북이이니 더 말할 필요가 없지요. 따라서 눈먼 거북이가 구멍 뚫린 판자를 만날 확률은 거의 없다고 보는 게 맞겠죠.

또 이런 이야기도 있어요. 어느 강연회에서 있었던 일이에요. 강연회의 주제는 '나는 누구인가(Who am I?)'였어요. 그날의 강의자였던 경희대학교의 정용석 교수님은 '나는, 이미 기적이다'라는 제목으로 강의하면서 강의 중 아무 말도 하지 않고 그저 '0'으로 가득 채워진 파워포인트 화면을 관객들에게 보여주었지요.

"이게 무얼 의미하는지 아는 분 있습니까?"

대답하는 사람은 아무도 없었습니다. 그러자 그 교수님은 화면에 가득 채워진 '0'의 개수가 400개라고 하면서 이 숫자가 가리키는 의미는 아버지의 정자 하나와 어머니의 난자 하나가 만나 나라는 인간으로 태어날 확률이라고 하더군요. 즉 그 확률이 '1/10$^{400}$'이었던 거죠. '10$^{400}$', 이 얼마나 큰 수인지 여러분, 상상이 가시나요?

인도인들은 세상에서 가장 큰 수를 무량대수無量大數라고 부른답니다. 무량대수는 '상상할 수 없을 만큼 큰 수'라는 뜻으로 숫자로 얘기하면 '10$^{68}$'이라고 합니다. 그런데 무량대수보다 '0'이 332개 더 많은 '10$^{400}$'은 도대체 얼마나 큰 수일까요?

사람이 태어나는 게 어떻게 그렇게 확률적으로 희귀할까요? 말 그대로 어마어마한 확률이거든요. 그 이유는 인간이 유성생식有性生殖*에 의해서 태어나기 때문이지요. 유성생식에서는 어머니의 난자와 아버지의 정자가 지닌 유전정보가 조합되어 아이가 태어납니다. 그러나 결코 어머니나 아버지의 유전정보와 똑같은 유전정보를 갖고 태어나는 것은 아니랍니다.

그것뿐 아니죠. 몸 안에서 생성되는 난자와 정자는 어느 것 하나도 유전자 구성이 동일한 게 없답니다. 그 이유는 그것은 체세포에서 난자나 정자가 만들어질 때, '유전적 변형'이라 불리는 현상이 일어나서, 어머니와 아버지로부터 이어받는 염색체 사이에 규칙을 알 수 없는 어떤 변형이 일어나기 때문이지요.

바꾸어 말하면, 어떤 유전정보를 가진 난자와 어떤 유전정보를 가진 정자가

---

● 유성생식(有性生殖) : 생식의 한 가지 방법으로서 주로 암수라고 하는 두 가지 성별을 이용해서 다음 세대에 자손을 남기는 방법으로서 암수 개체가 생식세포를 만들고 그 생식세포가 다시 결합하여 새로운 개체가 되는 방식이다. [네이버 지식백과]

수정될 것인가는 예측할 수 없는 우연에 지배된다는 것이죠. 그래서 $10^{400}$ 이라는 큰 숫자가 만들어지는 거죠.

지구의 역사가 50억 년이라고 해요. 또 지금까지 지구상에 태어난 인간의 총수가 1,060억 명 정도(미국 인구연구소 추계)라고 하더군요. 지구가 앞으로 50억 년을 더 지속된다고 가정하고 앞으로 태어날 인간의 총수가 지금까지 태어난 수의 1,000배인 100조 명이 된다고 하면, 100조는 $10^{14}$이니 이를 '$10^{400}$' 이라는 숫자와 비교해보면 인간이 태어날 확률이 얼마나 희귀한 줄 아시겠죠? 비교 불가능하게 적은 확률입니다.

이처럼 태초부터 지구가 멸망할 때까지 나라는 존재가 태어날 확률은 극히 희박하답니다. 그러니 나의 탄생을 두고 기적이 아니라고 말할 수 있겠어요? 나라는 존재 자체가 기적인 거죠. 자, 그렇다면 이렇게 불가능에 가까운 확률로 태어난 나는 무슨 특별한 사연이 있지 않을까요?

우리가 인간으로 태어난 데에는 특별한 이유가 있어요. 너와 나, 아니 모든 세상 사람들이 태어난 것은 필연이지요. 내가 태어난 것은 기적입니다.

'천상천하유아독존天上天下唯我獨尊**, 하늘 위와 하늘 아래에서 오직 나 홀로 존귀하다'는 부처님의 말씀을 빌리지 않더라도 온 세상에서 자기 자신보다 더 존귀한 존재는 없어요. 그러니 어찌 자신을 사랑하지 않을 수 있겠습니까? 어찌 이렇게 어렵고 소중하게 태어난 생명의 기간을 헛되이 보낼 수

●● 천상천하유아독존(天上天下唯我獨尊) : 부처님께서 태어나서 곧바로 7걸음을 걷고서, 오른손으로 하늘을 가리키고 왼손으로 땅을 가리키면서 "하늘 위와 하늘 아래에서 오직 나 홀로 존귀하다"라고 말씀하셨다.

있겠어요?

하지만 대부분의 사람들은 이토록 소중한 자신이 왜 세상에 태어나 한 생을 보내야 함을 알지 못하니 자신의 삶에 대해 별다른 생각 없이 소중한 생을 보내고 있지요. 자신이 소중한 걸 알지 못하니 남도 소중한지 모르고요. 그것을 마치 수천억 원의 재산을 가지고 있으면서도 그 돈을 어찌 쓸지 몰라 쫄쫄 굶고 있는 거와 같다고 생각해요.

이것이 제가 이 책을 쓰기로 결심한 이유이기도 합니다. 그간 '보람 있는 삶과 아름다운 죽음'을 주제로 10년간 대중 앞에서 강의를 했고, 사람들과의 소통에서 얻은 것들을 여러분과 나누고 싶어서이죠. 처음에는 이 내용이 과연 도움이 될까, 하는 마음에 주저하기도 했지만, 좋은 것은 나눌수록 배가 된다고 믿기에 용기를 내어 이 자리에 섰습니다.

자, 이제 저와 함께 삶의 여정을 찾아 여행해 볼까요? 이렇게 평범하기 짝이 없는 나의 탄생이 왜 특별한지, 이 특별한 삶을 어떻게 꾸려가야 하는지에 대해서 말이죠. 종국엔 나의 삶을 어떻게 마무리해야 후회가 없을까에 대해서도 함께 고민하고 그 방법을 찾기로 해요.

# 삶에서 부딪히는 어려움은 불행이 아니라 오히려 행운

'내가 태어난 것은 기적'이라고 했는데 내가 그렇게 어렵게 태어난 존재라면 그에 걸
맞게 사랑받고 존중받아야 할 텐데, 삶은 왜 이렇게 어렵고 힘든 일만 가득할까요?

삶에서 부딪히는 어려움은 불행이 아니라 어떻게 생각하느냐에 따라 오히
려 행운이라 할 수 있어요. 왜냐하면 우린 어려움을 통해서 더욱 성숙한 인
간이 될 수 있기 때문이죠.

말도 안 되는 소리! 하실 거라고 생각해요. 이 말을 하는 저도 힘들고 어려
운 일에 부딪히면 주저앉고 싶답니다. 모두 힘들게 사는 것 같으면 '인생이
원래 고해苦海지.' 이러면서 그럭저럭 견디겠는데 나보다 못나 보이는 사람은
아무 탈 없이 잘사는 것을 보면 공연히 심통이 나기도 해요. '하늘도 무심하
시지!!! 어찌 나만 이런 시련을 주나요?' 하고 말이죠.

하지만 세상을 자세히 둘러보면 누구나 말 못할 고민과 사정이 있더군요.
잘난 사람(?)은 잘난 사람대로, 또 못난 사람(?)은 못난 사람대로 말이죠.
행복해 보이는 사람도 속을 들여다보면 꼭 그렇지만도 않고요.

재벌 총수로서 막대한 부와 명성을 가지고 있어 보통사람이 보기에 더 이상
부러울 것이 없이 행복할 것 같은 사람이 있어요. 그 사람은 물질적으로는
부족함을 느끼지 못하겠지요. 하지만 정신적으로는 보통사람보다 더 큰 고

통을 겪을 수도 있겠다는 생각이 들었어요.

막대한 부를 지키기 위하여 신경 쓸 일이 한두 가지가 아니겠지요. 엄청난 부를 가지고 있음에도 부모로부터 물려받은 유산을 지키기 위하여 형제간에 법정에서 다툼을 할 때가 있는가 하면, 부모가 자신이 만나고 있는 이성과의 교제를 반대하는 것 때문에 자식이 자살했다는 얘기도 언젠가 접한 적이 있습니다. 저도 자식이 있지만 그 마음이 얼마나 힘이 들었을까요? 아무리 재산이 많고 세상을 다 가진 것처럼 보이는 사람일지라도 어쩌면 나보다 더 큰 고통을 겪고 있는지도 모르겠다는 생각이 들었어요.

인간들의 살아가는 모습이 왜 이럴까요?

인간은 이 세상에 잘 먹고 잘 살기 위해서 태어난 것이 아니라고 해요. 인간이 세상에 태어난 이유는 오직 하나, 공부를 위해서라고요. 태어나 삶을 살고 죽음을 맞이하기까지의 모든 과정이 공부라고 하더군요. 공부라고 하니 가슴이 무거워지죠? 하지만 공부에는 배움이 있잖아요.

여러분, 공부를 잘하기 위해선 어때야 할까요? 모든 환경이 잘 갖추어져 있다면 공부를 잘할 수 있을까요? 정말 그렇게 생각하시나요?

처음엔 잘할 수 있겠죠, 하지만 반대로 환경이 갑자기 안 좋아졌을 때 공부를 잘해낼 수 있을까요? 높은 신분으로 혹은 부자로 태어나 존중받으면서 어려움 없이 살 수 있다면 살아가는 것 자체는 불편함이 없겠죠. 하지만 인생에서 많은 것을 배울 수 있는 위치는 아니지 않을까요? 모든 것이 갖춰져 있고 불편함이 없는데 일부러 고생하려고 하지는 않을 테니까요. 그것은 저를 포함한 모든 사람이 마찬가지일 거예요. 왜냐하면 사람은 편해지고자 하는 욕구가 있기 때문이죠.

내가 힘들고 어렵다면 이 상황을 벗어나기 위해 열심히 노력하게 되죠. 또 어려움을 안다면 지금 비록 행복한 환경을 갖추었다고 해도 그것이 거저 오는 것이 아님을 알고 있죠. 이렇게 볼 때 어려운 환경에 태어난 것을 오히려 감사해야 할지도 모르죠. 물론 어렵지만요.

하지만 인간 삶의 모든 과정은 공부이므로 어려운 환경이 주어졌을 때 이렇게 생각해본다면 어떨까요?

'아, 내게 공부할 기회를 많이 주셨구나.'

이왕 공부하러 온 학생으로 세상에 태어났으면 공부할 기회가 많은 것이 더 좋지 않을까요? 죽고 나서 가져갈 것은 경험밖에 없으니까요.

'너를 죽이지만 않는다면 고통과 어려움이 너를 강하게 만들리라'는 격언이 있지요. 길을 가는데 걸림돌이 하나도 없다면 아무것도 배울 수 없겠죠. 부딪히는 걸림돌을 하나씩 극복하는 과정에서 조금씩 배워나갈 수 있기 때문이죠. 어려움은 오히려 하늘의 선물이라고 할 수 있어요.

저는 음악을 좋아합니다. 그중에서도 베토벤의 음악을 더욱 좋아합니다. 왜 그럴까 생각해봤더니 그분의 삶 자체가 감동적이기 때문이더군요.

1800년, 오스트리아의 수도 빈.

베토벤은 평소처럼 악보 책을 펴들었다. 그리고 피아노 건반을 누르는 순간 그는 그의 귀를 의심하지 않을 수 없었다. 아무 소리도 들리지 않았던 것이다. 다시 한 번 다급하게 피아노 건반을 눌렀지만 역시 아무런 소리가 들리지 않았다. 베토벤의 가슴은 충격으로 방망이질 쳤다. 그전까진 약하게나마 살아 있던 청력이 완전히 죽은 것이다.

'이를 어쩐다. 귀가 들리지 않는 음악가라. 나의 생명은 끝난 것이나 다름없어.'

자신의 귀가 들리지 않는 것을 받아들일 수 없었던 베토벤은 그 후 1년 동안 방황의 세월을 보냈다. 그간의 어려움을 딛고 이제야 빈 최고의 피아니스트, 촉망받는 작곡가가 되기 시작하려던 참이었는데 귀가 들리지 않다니. 그는 자신에 대한 수치감과 자괴감으로 견딜 수가 없었다. 무엇보다 뛰어난 자신이 귀도 들리지 않는 음악가라는 사실을 인정할 수 없었다.

'이 냉혹하고 인정사정없는 빈의 사교계와 음악계에서 나는 버림받겠지. 아마도 비참하고 외롭게 죽어갈 거야. 그 누구의 연민도 사지 못한 채……'

그 후 의사의 권고에 따라 빈 근교의 휴양지인 하일리겐슈타트(Heiligenstadt)에서 요양하던 베토벤은 비참한 마음에 마침내 자살을 결심하고 유서를 썼다.

나의 상황이 나를 절망으로 몰아넣었다. 절망감이 조금만 더했더라면 나는 스스로 목숨을 끊었을 것이다. 나를 극단에 이르지 못하도록 한 것은 바로 나의 예술이었다. 내 안에 있는 모든 것을 내어놓지 않고서는 이 세상을 떠날 수 없을 것만 같았다. 〈중략〉 그래서 난 이 저주받은 삶을 이어가련다. 돈이 아니라 선만이 행복을 가져다준다. 내 경험에서 우러나오는 말이다. 이 비통함에서 나를 일으키는 것은 다름 아닌 선이다. 나의 예술과 선 때문에 나는 자살로 생을 마감하지 않았다.

– 베토벤, '하일리겐슈타트' 유서 중

자, 여러분 죽음을 결심했던 베토벤인데 유서 내용을 보면 오히려 죽지 않고 음악을 더 열심히 하겠다고 말하는 베토벤의 의지를 느낄 수 있죠? 왜 그랬을까요? 절망의 끝까지 갔던 그곳에서 베토벤은 한 줄기 빛을 발견했습니다. 그것은 음악에 대한 사랑이었죠.

이후 그의 작곡가로서의 행보는 더욱 빛이 납니다. 〈운명교향곡〉, 〈전원교향곡〉, 〈합창교향곡〉과 같은 위대한 작품은 모두 이때 나온 것들이죠. 이런 것을 보아 큰 어려움은 그 사람을 위대하게 만드는 원동력인지도 모르겠습니다. 물론 쓰디쓴 고통을 극복해야만 한다는 조건이 있지요.

만약 여러분이 큰 어려움에 처해 있다면 하늘에서 여러분을 크게 쓰기 위하여, 위대한 사람을 만들기 위하여 사랑을 베푸는 것이라고 생각해보세요. 어려움이란 그것을 벗어나려 애쓰면 애쓸수록 더욱 옥죄어와 벗어날 수 없도록 만들지요. '피할 수 없으면 즐겨라'라는 말이 있죠? 그냥 나온 말이 아니라고 생각합니다.

어려움이 닥쳤을 때 처음엔 어렵겠지만 그것을 나의 일부로 자연스레 받아들이는 과정 속에 어느덧 어려움은 더 이상 어려움이 아니게 되지 않을까요? 이렇게 말하는 저도 말은 쉽지만 어려운 거라는 걸 알지요. 하지만 이대로 주저앉아 있을 수는 또 없지 않겠습니까? 그렇게 어려운 확률을 뚫고 태어난 나이니 말이죠.

## 생로병사는 인간에게 주어진 축복

'인간 삶의 모든 과정이 공부'라손 치더라도 편하게 살 수 있다면 그렇게 하고 싶어요. 왜냐하면 고통스러운 삶을 사는 것이 공부에 도움이 될는지는 몰라도 몸을 가진 인간으로서 편안하고 행복하게 살려는 것이 인지상정人之常情 아닐까요? 공부 때문에 일부러 괴로움을 불러일으키고 싶지는 않다는 거죠.

물론이죠. 공부 때문에 일부러 괴로움을 불러일으키고 싶진 않죠. 편안하고 행복하게 살 수만 있다면 제일 좋겠죠. 문제는 인생이 그렇게만 흘러가도록 짜여 있지 않다는 데 있습니다. 여러분, 생각하기에 따라 삶의 고통을 불러일으키는 요인인, 생로병사生老病死가 고통이 아니라 즐거움이 될 수도 있답니다.

우리에게 삶이 단 한 번뿐이라면, 또 지금 육신을 가지고 있는 이 삶이 전부라면 생로병사는 피하고 싶은 것이 되죠. 그러나 인간은 영원한 존재라고 할 수 있어요. 무슨 소리인가 하면 이 육체야 죽으면 사라지겠지만 인간은 영적인 존재라고 하잖아요.

육신이 죽어도 영만은 죽지 않죠. 영은 육신이 죽어도 살아남아 다른 차원에서 존재한다고 해요. 인간 세상에서도 하는 일에 따라, 직업에 따라, 여러 가지 조건에 따라 사는 곳이 다르듯 영이 가는 곳도 그 수준에 따라 다르다더군요.

그렇기 때문에 인간의 진짜 주인은 육체가 아니라 영입니다. 태어나는 이유는 영의 공부를 위해 생명을 부여받아 한 생生을 살다 가는 것이죠. 그리고 아까도 말씀드렸다시피 태초부터 지구가 멸망할 때까지 인간이 태어날 확률은 기적에 가깝고요.

인간 삶의 모든 과정은 공부이고, 인간이 태어난 이유는 경험을 통해 공부하기 위해서라고 해요. 지금 지상에 나와 있는 분들은 알게 모르게 또 싫든 좋든 본인들의 공부를 위해 지구라는 학교에 입학했거든요. 경험하러 나왔으니까 이왕 많은 경험을 하는 것이 좋겠죠. 이왕 대학에 입학해서 비싼 수업료를 냈다면 그 수업료로 대학에서 배울 수 있는 모든 것을 배우고 가면 남는 장사 아닐까요?

게다가 지구에서의 한 생은 길어야 100년 미만인 데다 자주 태어날 수도 없잖아요. 몇 천 년, 몇 만 년 후에 다시 태어날 수도 있다고 하니 한 번 나왔을 때 경험할 수 있는 것은 다 경험하는 것이 좋지 않을까요? 그래야 그 영이 풍부해지잖아요. 자신이 겪은 것들이 나중엔 자산이 되어 나를 무르익고 성숙한 영으로 만들어 줄 테니까요.

불교에서 말하는 생로병사生老病死 즉, 태어나 늙고 병들어 죽는 사람이라면 누구나 겪어야 하는 네 가지 고통을 이기기 위하여 노력하고 있지요. 그러나 생각하기에 따라 생로병사가 고통이 아니라 즐거움이 될 수도 있다는 것을 아시겠지요?

인간의 일생은 모두 같다. 한 번 주어진 것이 같고, '생'과 '사'가 있는 것이 같으며, '노'와 '병'이 있는 것이 또한 같다. 이 생로병사生老病死 또한 생각하기에 따라 즐거운 일이다. '생'은 태어남이 즐겁고, '노'는 자신의 연륜이 쌓여가므로 즐거우며, '병'은 자신의 건강치 못한 부분을 알려줘 고맙고, '사'는 살아 있는 동안의 결실을 마감할 수 있게 해주니 고맙다. 충실히 공부한 학생이 졸업을 기다리고 다음 단계를 바라보듯, 금생에 걸쳐 열심히 살고 정성으로 수련에 임한 사람은 이 생로병사 하나하나가 모두 자신을 결정적으로 성장시키는 비결임을 안다.

– 『본성과의 대화』 3권, 도서출판 수선재, p224

생로병사 중 죽음에 이르기까지 늙음과 병듦을 통한 공부는 인간의 성숙 정도를 보여주는 과정이 아닐까요? 인간이 가진 몸은 점차 쇠약해지더라도 그 정신과 영혼은 더 진화할 수 있고, 그 진화로 인하여 육체의 병듦과 노쇠함을 받아들이며 인내와 수용, 포용력을 공부할 수 있으니까요.

그런 의미에서 병듦과 늙음은 인간에게 주는 훌륭한 공부 교재라고도 볼 수 있지요. 병듦이 주는 고통은 삶의 소중함을 알게 해주며, 건강함이 주는 자유와 고마움을 깨닫게 해주니까요. 늙음이 주는 성숙함은 젊음의 아름다움과 시행착오를 받아들여 여유와 지혜를 발휘할 수 있게 해줍니다.

인간의 지혜는 경험을 바탕으로 나온다고 하니 나이 드는 것과 지혜가 생기는 것이 무관하지 않지요. 또한 병듦과 늙음을 통해 인간은 다른 차원인 죽음으로 갈 수 있는 마음의 준비를 하며 이생의 미련이나 집착을 내려놓을 수 있게 된다고요.

'생로병사生老病死' 중 '노老'와 '병病'은 조정이 가능한 세계이지만 '생生'과 '사死'는 아주 지엄한 세계이지요. 왜냐하면 늙음과 병듦은 인간의 노력에 의하여 어느 정도 조절이 가능하지요. 의학의 발달로 인간의 평균수명이 늘어나고, 과거에 불치병으로 여겼던 암과 같은 병이 점차 극복되어 가고 있으니까요.

그러나 태어남과 죽음은 어떻습니까? 이 세계에 대해선 인간이 할 말이 없죠. 인간 마음대로 할 수 없는 영역이거든요.

아들이 중병에 걸려 사경을 헤매는 경우 '아들을 살려주시면 제 목숨을 내놓겠습니다', '제 신장을 내놓겠습니다', '평생토록 이웃을 위하여 봉사하겠습니다'와 같이 기도하는 것을 볼 수 있죠. 이렇게 기도하면 그것이 하늘과의 약속이 된다고 합니다. 만약 그 기도에 의하여, 설사 기도와 상관없이 아들이 회복되었다 하더라도 그 약속만큼은 지켜야 한다고요.

생과 사의 세계는 말을 함부로 하면 안 되는 어마어마한 세계이기 때문에 그걸 지키지 못하면 엄청난 업이 될 수 있다고 해요. 그런 점에서 약속도 함부로 하는 게 아니죠.

생과 사는 인간이 관여할 수 있는 세계가 아닙니다. 인간들이 할 수 있는 것은 최선을 다하고 대천명待天命 하는 것이죠. 그걸 어떻게 해달라고 하는 것은 월권입니다. 우리 소관이 전혀 아닙니다. 인간사는 누구 좀 봐줘 하면서 '빽'을 쓰기도 하지만 생과 사의 세계는 '빽'이 안 통하는 세계라고 합니다. '빽'이 전혀 통하지 않는 아주 정확한 세계라고 합니다.

이처럼 생로병사가 있음으로 인해 인간으로 태어나 살아가는 80~90년이라는 길지 않은 기간 동안 여러 가지 공부를 할 수 있으니 세상은 온통 즐겁고 고마운 것들로 가득 차 있고, 생로병사가 있음이 고통이 아니라 오히려 축복이 될 수도 있겠지요.

## 태어난 이유는 오직 공부

공부를 위해서 지구라는 학교에 태어났다고 했는데, 공부하기 싫고 재미있게 놀고
싶은 사람도 있지 않을까요?

이 세상에 공부하기 좋아하는 사람이 몇이나 되겠어요? 저도 무지하게 싫답
니다. 실지로 자신이 원한다면 그렇게 놀다가 갈 수도 있다고요. 왜냐하면 인
간에게는 누구나 외부의 강제나 구속을 받지 않고 자기 스스로 자신의 행동
을 선택할 수 있는 자유의지自由意志가 있기 때문이죠. 자유의지에 따라 공부
하지 않고 즐겁게 노는 삶을 선택할 수도 있어요. 실제로 그렇게 살아가는 사
람도 많고요. 그렇지만 그런 삶은 잠시 편할 수는 있어도 마음 깊이 왠지 불편
하게 느껴져 자신이 태어난 본래 목적인 공부로 복귀하게 된다고 합니다.

공부하지 않고 사는 삶이 즐겁고, 공부하면서 사는 삶이 즐겁지 않은 것은
아닐 거라 생각해요. 저의 경우 공부하면서 사는 삶이 오히려 즐겁게 느껴
집니다. 공부를 통해서 제가 알지 못했던 사실들을 하나씩 알아가는 재미
가 있지요.

엘리자베스 퀴블러 로스가 쓴 『인생수업』에 인간은 이 세상에 배움을 얻기
위해 태어났다는 내용이 수록되어 있더군요.

우리는 배움을 얻기 위해 이 세상에 왔다. 태어나는 순간 누구나 예외 없이 삶이

라는 학교에 등록한 것이다. 수업이 하루 24시간인 학교에. 살아 있는 한 그 수업은 계속된다. 그리고 충분히 배우지 못하면 수업은 언제까지나 반복될 것이다.

우리가 지구로 보내져 수업을 다 마치고 나면, 나비가 누에를 벗고 날아오르는 것처럼 우리의 영혼을 육체로부터 해방하는 것이 허락된다. 시간이 되면 우리는 집에서 신에게로 돌아가는 아름다운 나비처럼 떠날 수 있고, 더 자유로운 영혼이 될 수 있다.

우리가 배워야 할 과목들은 사랑, 관계, 상실, 두려움, 인내, 받아들임, 용서, 행복 등이다. 나아가 이 수업은 궁극적으로는 나 자신이 진정 누구인가 하는 깨달음으로 우리를 데리고 간다. 그것이 이 수업의 완성이다. 나는 죽음으로써 영원히 사라져 버리는 존재인가, 아니면 모습을 바꿔 가며 배움을 계속하는 존재인가?

— 『인생수업』, 엘리자베스 퀴블러 로스 지음, 이레, p9

그렇죠, 우리는 경험하기 위해 지구별에 태어났지요. 경험하러 나왔으므로 많은 경험을 하면 할수록 좋죠. 그런 의미에서 지구는 학교이고 지금 지상에 나와 있는 분들은 알게 모르게, 또 싫든 좋든 본인들의 공부를 위해서 나와 있는 것이죠. 지구에서의 한 생은 길어야 80~90년이죠. 게다가 태어날 수 있는 기회가 많은 것도 아니에요. 그러니 한 번 나왔을 때 경험할 수 있는 것은 다 경험하는 것이 좋겠죠? 그래야 풍부해질 수 있잖아요. 지금은 어렵지만 자신이 겪은 것들이 나중엔 자신을 성숙하게 해주는 자산이 되겠지요. 그렇게 알찬 영이 되어 지구를 떠난다면 남는 장사가 아닐까요?

삶이란 영이 진화하는 것을 전제로 주어지지요. 진화라고 하니 너무 거창하게 들리네요. 삶이란 영의 성숙을 전제로 주어지는 선물이라고 해요. 따라서 인간은 육신이 아니라 영이 진짜 자신이겠지요. 지금은 진화를 위해 육신이라는 옷을 잠깐 동안 입고 있을 뿐이라고요.

옷은 자신의 개성을 표현하므로 잘 꾸미고 가꾸어야 하겠죠. 그러나 인간들은 옷을 꾸미고 가꾸는 데만 관심을 두어 정작 옷을 입고 있는 참 자신에 대해서는 까마득히 잊어버리고 있어요. 물질의 화려함에 도취된 나머지 옷을 입고 있는 참자신은 정작 무엇을 원하는지 모르고, 언젠가 벗게 될 옷을 가꾸는 데만 온 신경이 집중되어 있어요.

이는 겨울에 얼음으로 조각품을 만들어 자랑하는 것처럼 보여요. 얼음조각은 겨울에는 그 가치와 존재가 인정되지만, 봄이 오면 녹아 물이 되어 자연으로 돌아갈 뿐이거든요. 인간의 몸 또한 마찬가지 아닐까요?

인간이 태어난 목적은 경험을 통한 배움에 있으며, 삶의 형태가 어떠하든 그곳에서 배워야 할 경험들이 있습니다. 하지만 배움에는 좋은 것만 있을 수는 없어요. 쓴맛을 알아야 단맛이 주는 고마움을 알 수 있듯이 고통을 알아야 삶이 주는 기쁨을 알 수 있을 것입니다.

인생의 한 방향만 경험한 사람의 경우 치우친 사고와 편협한 마음을 가지게 되죠. 인생의 양면, 좋고 나쁨을 동시에 경험해야 삶이 풍부해질 수 있으며, 두 삶을 모두 이해함으로써 마음의 영역을 넓혀 갈 수 있어요. 인간이 삶의 경험을 통해 가져야 할 시각은 중용中庸이며, 이것이 바로 마음의 완성을 뜻한답니다.

금생에 태어난 이유.

그것은 각자가 다를 것이다. 각자가 다른 이유는 하여야 할 일이 다른 것이 아니겠는가? 그렇다면 각자가 다른 일을 하면서 살아가는 것이 자신의 길이라고 생각할 수 있을 것이다. 전부가 왕이 될 수도, 전부가 하인이 될 수도 없는 것이다. 각자가 알아서 할 수 있는 일을 하여야 할 것이다.

'나의 출생 이유, 나를 이 세상에 태어나게 한 이유는 바로 나만이 할 수 있는 일을 하도록 하기 위함이 아니겠는가? 나만이 할 수 있는 일, 그것이 무엇이겠는가?' 아직은 확신이 없지만 내가 아니면 할 수 없는 일, 나만이 할 수 있는 그 일을 하면서 살아가는 것이 옳은 것 같았다.

– 『소설 仙』 2권, 도서출판 수선재, p114

'나의 출생 이유, 그것은 나만이 할 수 있는 일을 하도록 하기 위함'이라면 그것이 무엇인지를 찾아 그것을 하고 살아야 하지 않을까요? 아버지의 정자 하나와 어머니의 난자 하나가 만나 나라는 인간으로 태어날 확률이 '$1/10^{400}$'이라고 하는데, 그렇게 어려운 확률로 태어난 보람을 찾아야 하지 않을까요? 그렇죠. 인간이 태어난 목적이 경험을 통한 배움에 있으므로 삶의 경험을 통해 중용中庸의 시각 곧, 마음의 완성으로 나아가야 하겠지요.

공부를 위하여 어려운 환경에 태어나는 것이라 하더라도 막상 어려운 환경에 처하면 짜증스러운 것이 사실입니다. 그럴 땐 어떻게 해야 합니까?

그렇죠. 어려운 문제입니다. 그럴 때는 내가 겪는 일들이 나를 성숙하게 해주는 공부거리라고 생각해보면 어떨까요? 기쁨의 종류에는 슬픈 기쁨도 있고 기쁜 기쁨도 있지요. 그게 무슨 소리인가 하면, 당장은 슬퍼 보이는 일도 나를 성숙하게 해주니 기쁨이라 할 수 있고, 마냥 즐거워 보이는 일도 흘러가는 것이기 때문에 집착할 필요가 없다고 생각하는 것이죠. 그 순간 잠깐 즐거워할 뿐이지요. 제가 즐겨 읽는 책에 이런 구절이 있더군요. 소개합니다.

**지상에서 생활할 때 가장 고통스러운 부분은 무엇이었는지요?**

스스로 감정통제가 안 되는 것이었어요. 저는 풍부한 감정을 가지고 태어났기 때문에 희로애락의 부분이 많아서 그것을 스스로 삭이느라고 많은 애를 썼죠. 이것이 가장 힘든 것이었는데 나중에 생각해보니 이것이 가장 큰 공부였죠. 넘어서는 안 될 선은 바로 내 안에 있는 것이었고, 그것을 건드린다는 것은 공부를 완성하지 못하는 요인이 되기도 했죠.

**지상에서의 고난도의 공부과정을 어떻게 극복하였는지요?**

아무리 괴로워도 즐거이 맞이하면 즐겁다는 것을 알고부터는 괴롭다는 생각을 하지 아니하였습니다. 신분이 신분인 만큼 포기할 것은 포기하고 나니까 괴로움이 많이 줄어들고 나중에는 즐거이 맞이할 수 있었습니다.

—『황진이, 선악과를 말하다』, 도서출판 수선재, p184

조선 중종 때의 시인이자 명기名妓였으며, 화담 서경덕 박연폭포와 함께 송도삼절松都三絶로 불리었던 황진이. 그녀는 사랑을 공부하기 위해 지상에서 기생이라는 직업을 통해 한 생을 공부했다고 합니다. 지상에서의 어려운 공부과정을 괴로운 일도 즐거이 맞이하면 즐겁다는 것을 알게 된 후부터 괴롭다는 생각을 하지 않았다고 하지요. 말씀은 그렇게 하시지만 전혀 괴롭지 않아서 즐거움으로 받아들였겠어요? 말하자면 슬픔을 승화시킨 게 아닐까 싶습니다.

인간이 살아가면서 겪을 수 있는 국면은 그리 많지 않아서 서른여섯 가지 정도라고 합니다. 배반, 질투, 원수끼리의 만남, 삼각관계, 사각관계, 원수끼리 사랑하거나, 외나무다리에서 만나거나, 속였거나, 죽였거나, 살인자를 사랑하거나, 원수를 갚거나, 전쟁, 전쟁 중의 이별, 생이별, 사별, 이혼, 결혼……. 많은 것 같아도 쭉 적어보면 서른여섯 가지 정도에 불과하다고 하지요.

다들 금 좋아하지요? 광산에서 캐낸 원석에서 금을 뽑아내기 위해서는 뜨거운 불에 넣고 녹여 불순물을 걸러내야 하지요. 불에 많이 넣을수록 순도가 점차 높아지죠. 금의 순도는 K(캐럿)로 표시하는데 금이 약 60%일 때 14K, 금 75%에 은과 동이 25%일 때 18K, 99.9% 금일 때는 24K로 표시합니다. 특히 24K 금을 순금이라 부르지요. 뜨거운 불에 많이 들어가면 들어갈수록 값이 비싸집니다.

사람도 마찬가지예요. 많은 고통과 난관을 겪은 사람은 작은 일에 흔들리지 않는 품격 있는 인간으로 성장하지요. 그가 겪은 고통과 난관이 그의 인격을 황금처럼 빛나게 만든답니다.

나는 왜 이렇게 어려운 환경에 태어나서 병치레 많이 하면서 자라고, 부모님 고생시키고, 되는 일이 없고……, 내 인생이 왜 이렇게 엉망진창인가 생각할 수도 있지만 그것이 다름 아닌 공부 과정이라 할 수 있어요.

한 사람이 출생해서 팔구십 평생을 살기 위해 돈으로 치면 몇억이 드는데, 그 비싼 돈*을 수업료로 내면서 사는 이유는 바로 공부하기 위해서지요. 괴로운 일이 닥쳐서 마음 아프고, 비명 지르고 싶은 사람은 '내가 비싼 대가를 치르면서 공부하는구나, 수업료를 톡톡히 내는구나'라고 생각하면 모든 것이 축복이고 감사일 수 있다고요.

'Impossible 불가능한'이란 단어에 점 하나를 찍으면 'I'm possible 나는 할 수 있다'로 바뀌고, 'nowhere 어디에도 (돌파구가) 없다'란 단어에 스페이스바를 한 번 치면 'now here 지금 여기'로 바뀌잖아요?

모든 것을 공부로 받아들일 수만 있다면 세상 모든 일들이 축복이고 감사
일 수 있지요. 물론 어렵겠지만 우리들은 배우겠다고 지구에 입학한 학생들
이기 때문이죠. 이 모든 것들은 우리들의 선택이기 때문이지요.

## 인간의 다양한 모습

지구상에 70억 명 이상의 사람이 살고 있지만 모습이 같은 사람도, 똑같은 인생을 사는 사람은 한 사람도 없습니다. 왜 이렇게 모습이 서로 다르고, 살아가는 모양이 다양할까요?

그 이유는 사람마다 이번 생에 해야 하는 공부가 각각 다르기 때문이지요. 이 사람은 이런 공부를 위해, 저 사람은 저런 공부를 위해 태어났다고 해요. 공부 내용에 따라 살아가는 모습이 다양할 수밖에 없지요.

공부할 내용이 서로 다르기 때문에 같은 주제에 대해서도 사람에 따라, 상황에 따라 답이 다를 수 있죠.

예를 들어 부부 사이에 불화가 심하여 이혼이라는 주제를 두고 '이혼을 해야 하는가? 이혼하지 않고 같이 살아야 하는가?'에 대하여 토론하는 경우, 어떤 사람에게는 '이혼해도 무방하다'는 결론이 나오고, 다른 사람에게는 '이혼은 절대 안 된다'는 결론이 나옵니다. 똑같은 상황인데 왜 결론이 서로 다를까요?

'이혼은 절대 안 된다'는 사람은 '적수를 만나 참으면서 잘 살아보라'는 공부를 위해 태어난 분이기 때문이라고 해요. 그분에게는 그것이 이번 생에 해야 할 공부인 것이죠. 따라서 아무리 갈등이 심하고 어려움에 처하더라도 그것을 겪어 넘겨야 합니다. 만약 이번 생에 해야 할 공부를 해내지 못하면 다음 과정으로 진입이 안 되기 때문에 다음 생으로 이어져 계속 같은 공부가 되풀이된다고 합니다.

그러나 '이혼해도 무방하다'는 사람은 그 사람과 결혼하여 갈등을 겪으면서 공부할 내용을 이미 마쳤거나, 그와 같은 공부가 필요 없는 사람이기 때문이라고요. 이런 경우 계속 결혼 상태를 유지하며 에너지를 낭비할 필요가 없다고 하죠.

편협하거나 고집이 센 사람의 경우에는 중용을 알 때까지 같은 공부과정을 되풀이하는 경우가 있어요. 특히 따지기 좋아하는 성격은 고치기가 쉽지 않다고요. 어떤 문제가 마음에 걸리면 꼭 따져야 하고, 따진 문제가 해결되어야 다음 단계로 넘어가지 그렇지 못하면 그 문제에 매여 어쩔 줄을 모릅니다.

어떤 사람은 성격 하나 고치려고 수십 생을 되풀이하여 태어났는데 결국 못 고치고 같은 문제를 되풀이하는 경우도 있다죠. 만약 이번 생에서 그 문제를 고치지 못하고 다음 생으로 넘어가면 그 성향이 더욱 강해진다고 하더군요. 극복해야 할 성격을 더 강하게 받아서 나오기 때문에 고치기 더 힘들어집니다.

**한 생에 태어나 얼마나 많은 공부를 해야 할까요?**

인간이 태어나서 처음부터 끝까지 모든 경험을 다 해야 하는 것은 아니라고요. 단지 한두 가지 공부를 위해 태어나죠.

인간이 태어나서 처음부터 끝까지 모든 경험을 해야 할 것 같지만 대부분의 인간은 한 번 태어나서 여러 가지 공부를 하지 않는다고 합니다. 동식물에서 인간이 되고, 인간에서 우주와 합일할 때까지 공부해야 할 것이 굉장히 많아서 모든 공부를 한 생에 다 마칠 수 없기 때문이지요. 어떤 특별한 경험이 필요해서 태어난 분도 있지요. 그러나 대부분의 사람은 많은 경험이 필요하지 않고 대개 한두 가지를 배우기 위해 태어난다고 합니다.

간혹 뱃속에서 죽거나, 태어난 지 얼마 안 되어 죽는 아이들이 있어요. 부모의 입장에서는 너무나 가슴 아픈 일이고, 이유를 모르는 경우도 많죠. 하지만 아이는 태어날 때 부모를 선택하는 것과 동시에 그 인생에서 무얼 배워야 할지 이미 알고 있다고 해요. 뱃속에서 죽음을 맞은 아이는 뱃속에서 지내는 경험이 필요했고, 태어나자마자 죽는 아이는 탄생하는 경험만 필요했는지도 모르죠. 이런 아이들에게 죽는다는 사실은 실패한 게 아니라 바라던 바를 이루고 저 세상으로 돌아간 것이라고 볼 수도 있겠어요.

그 과정에 인위적인 낙태 등 인간의 과오가 있을 수 있지만 다 스케줄일 가능성이 크다고요. 태어나는 경험은 짧은 순간이지만 그 인간에게는 엄청난 경험이거든요. 엄마 뱃속에서 나와서 '으앙' 하고 울지 않습니까? 공포의 울음입니다. 암흑 속에서 갑자기 나와 어딘가에 뚝 떨어지는 것이지요. 기후,

냄새, 소리, 기압 같은 것들이 다 다릅니다. 그런 대단히 충격적인 경험을 하기 위해 태어났다가 바로 죽을 수도 있어요.

전쟁 중에 죽는 인간들도 마찬가지라고요. 그 시대에 태어나서 전쟁에 참여하는 경험이 필요해서 나왔을 수 있어요. 전쟁이란 인간을 굉장히 공부시키는 교재라고 해요. 폭탄이 날아오는 극한 상황 속에서 어떻게 처신하는가 등 온갖 것들이 한꺼번에 시험 되는 무대라고요. 그렇게 무지막지한 경험을 하기 위해서 태어나지요. 그전의 삶은 그 경험을 위한 준비 단계일 뿐이라고 해요.

또한 이와 같은 한두 가지의 경험이 아니라 처음부터 끝까지 다 가야 하는 장거리 레이스의 스케줄로 태어나신 분들도 있어요.

인간 삶의 과정은 모두가 공부라고 하더라도 공부과목은 각자 다르기 때문에 그 다름을 인정하고 즐거운 마음으로 받아들일 수 있다면 서로의 배움에 큰 도움이 되지 않을까요?

위 제목과 관련해서 시가 하나 떠오르네요. 함께 감상하실까요? 도종환 시
인의 '담쟁이'입니다.

담쟁이

도종환

저것은 벽
어쩔 수 없는 벽이라고 우리가 느낄 때
그때
담쟁이는 말없이 그 벽을 오른다.

물 한 방울 없고 씨앗 한 톨 살아남을 수 없는
저것은 절망의 벽이라고 말할 때
담쟁이는 서두르지 않고 앞으로 나아간다.
한 뼘이라도 꼭 여럿이 함께 손을 잡고 올라간다.

푸르게 절망을 다 덮을 때까지
바로 그 절망을 잡고 놓지 않는다.

저것은 넘을 수 없는 벽이라고 고개를 떨구고 있을 때
담쟁이 잎 하나는 담쟁이 잎 수천 개를 이끌고

결국 그 벽을 넘는다.

좋죠? 사람에겐 때론 도저히 극복할 수 없을 것 같은 시련이 주어지고 그 시련 앞에 절망하여 일어나지 못하기도 하죠. 그러나 '담쟁이'에서 도종환 시인은 '저것은 넘을 수 없는 벽이라고 고개를 떨구고 있을 때 / 담쟁이 잎 하나는 담쟁이 잎 수천 개를 이끌고 / 결국 그 벽을 넘는다'고 노래하고 있어요.

극복할 수 없다고 스스로 포기하기 때문에 극복하지 못하는 것이지 극복할 수 없는 시련은 없다고 말하는 것 같지요?

불구나 특별히 어려운 환경에 태어나 인간 이하의 삶을 사는 사람들은 어떤 특별한 목적이 있을까요?

불행해 보이는 일들이 꼭 불행한 것만은 아니라고 하더군요. 예를 들어, 사고로 반신불수가 되어 병원에 누워 있는 사람이 있어요. 그런 경우 전생의 업 때문에 그럴 수도 있지만 공부를 위해서 그럴 수도 있다고요. 우리가 태어난 목적은 경험이 필요해서입니다. 이번 생에 불구로 살아가는 경험이 필요해서 그렇게 되었을 수도 있다고요.

'레나 마리아'라는 가스펠송 가수가 있어요. 그녀가 태어난 건 1968년 스웨덴이었어요. 그것도 두 팔이 없고 한쪽 다리가 짧은 중증 장애인으로요. 처음 태어났을 때 그녀의 부모는 아기를 본 순간 얼마나 당황스러웠을까요?

그러나 레나의 부모님은 그녀를 하늘의 선물이라 생각하고 정상아와 똑같이 양육했다고 해요. 장애가 있는 아이를 키운다는 것은 부모에게 있어서 큰 부담이었겠죠. 하지만 그녀의 부모는 그 일을 훌륭하게 해냈고, 그 결과 '레나 마리아'는 장애를 극복하고 아름다운 목소리로 노래를 하죠. 그뿐만이 아니에요. 그녀가 젊었을 적엔 스웨덴 국가대표 수영선수로 활동한 적도 있죠. 1988년 서울 장애인 올림픽에도 참여했답니다.

언젠가 그녀의 공연을 본 적이 있었는데 무엇이 인상 깊었냐 하면 노래도 좋았지만 그녀의 태도 자체였어요. 가벼워서 날아오를 것 같은 기분이 들게 하는 그녀의 웃음과 분위기였답니다. 처음엔 무거운 마음으로 음악을 듣다가 공연이 끝날 때쯤 사람들은 점점 밝아져서 웃으며 집으로 돌아갈 수 있었어요. 힘겨움을 극복한 사람만이 할 수 있는 그녀만의 힘이라고 생각했습니다.

그녀는 말합니다.

"세상의 모든 사람은 고귀합니다.
하나님께서는 우리들을 특별한 목적과 남다른 이유에 따라 창조하셨습니다.
우리들 모두는 서로 다릅니다.
우리는 인생에 있어서 부족한 것이 있으며
때로는 아무것도 없이 지내기도 합니다.
저는 두 팔이 없습니다.

그러나 노래를 잘하는 목소리를 지녔습니다.

당신이 돈이 없다는 것, 배운 게 없다는 것은 중요하지 않습니다.

당신은 주변 사람들에게 중요한 무엇인가를 가졌습니다.

우리 모두는 동등한 가치, 의미를 가지고 있으며 소중한 존재인 것입니다.”

그녀는 지금까지 한 번도 자신의 장애를 '장애'로 여긴 적이 없다고 해요. 오히려 그 장애가 믿음과 더불어 오늘날 자신을 있게 했다고 고백하더군요. '팔이나 손이 없어서 편리한 점은 절대 반지나 장갑을 잃어버릴 염려가 없다는 것'이라고 너스레를 떱니다.

영국에는 빅뱅이론으로 유명한 천재 물리학자 '스티븐 호킹'이 있죠. 그분은 어떤가요? 천재적인 지성을 품고 있는 사람이 루게릭이라는 병에 걸렸잖아요. 루게릭은 근육이 점점 굳어가서 몸을 자기 의지로 쓸 수 없게 만드는 병이지요. 천재 물리학자라고 하니 사고의 폭이 보통사람보다 얼마나 넓겠어요? 그런 사람이 육체에 갇혀 있다고요. 그러니 그가 심적으로 겪는 고통은 보통 사람들이 느끼는 것보다 더 갑갑하고 힘들 거라고 생각해요.

전신이 뒤틀리는 근위축증으로 인하여 휠체어를 타고, 가슴에 꽂은 파이프를 통해서 호흡하며, 고성능 음성 합성기를 통해서 대화해야 하는 장애인이지만 불구의 한계를 넘어 보통 사람보다 더 나은 삶을 살고 있지 않습니까?

찾아보면 그런 사례들이 많이 있죠. 불구로 태어났지만 밝고 천진난만하고,

어떤 한 분야에서 두드러지는 천재적인 삶을 살다가 간 인생이 있지요. 그런 사례를 보이기 위해서 어려운 과제가 부여되었을 수도 있기 때문에 인간이 그런 분들에 대해 어떻다고 함부로 판단할 수 있는 것이 아니라고 생각해요.

위의 분들은 몸의 장애를 가지고 태어나 그것을 극복하는 위대함을 보여주었고요. 어떤 분들은 시대적으로 암흑시대를 살다 가신 분들도 있어요. 지구의 역사를 보면 암흑시대가 여러 번 있었죠.

암흑시대란 한편 더 좋은 세상을 위한 준비기간이기도 하다지요. 암흑시대를 겪으면서 인간이 굉장히 성숙하잖아요. 어려운 시대를 겪으면서 공부를 많이 하기 때문이지요. 바다에 해일이 일면 배가 난파하고 사람도 많이 죽지만 한 번씩 갈아엎음으로써 정화가 되잖아요? 마찬가지로 암흑시대를 겪었던 분들은 광명을 볼 수 있는 시대에 다시 태어나는데, 이때 어둠 속에서 공부한 것이 밑천이 된다고 하더군요.

정상인으로 평범한 삶을 마친 사람과 중증 장애인으로 온갖 난관을 극복하고 세상에 희망과 사랑을 전파한 사람 중 지구라고 하는 대학교를 졸업했을 때 누가 더 훌륭한 점수로 졸업을 할까요? 답은 여러분의 가슴속에 이미 있다고 생각합니다.

# 탄생에도 우선순위가 있다

인간이 '1/10$^{400}$'의 어려운 확률로 지구에 태어난다고 했는데, 어떤 영은 그렇게 어려운 확률로 태어나고, 어떤 영은 태어나지 못하는지요?

태어나는 우선순위는 자신이 빨리 태어나고 싶은 의지가 얼마나 강한지 약한지에 달려 있다고요. 태어나고 싶은 의지가 강한 영은 빨리 태어나고, 태어나고 싶은 의지가 약한 영은 천천히 태어납니다.

현재 지구의 인구는 몇 명이나 될까요? 세계인구시계에 따르면 71억 7천5백만 명(2014년 6월 말 현재) 정도라고 하더군요. 지구 인구가 계속 불어나고 있지만 영원히 불어날 수는 없고, 지구에 살 수 있는 인간의 숫자에는 어떤 한계가 있을 것인데 그 기준은 무엇일까요?

에너지 즉, 기氣가 무한하지 않고 유한하기 때문에 지구상에 생명체로 나타날 수 있는 에너지는 제한되어 있다고요. 따라서 인간도 지구가 감당할 수 있는 적정 수준까지 밖에 태어날 수 없다고 합니다. 태어나는 숫자가 무한정이 아니고 제한되어 있기 때문에 태어나는 데에도 우선순위가 있겠지요?

사후세계에 수없이 많은 영들이 있다고 합니다. 그 많은 영들 중 누구는 태어나고, 누구는 못 태어나고 계속 대기 중이라고요. 자신이 진화하고 싶어서 빨리 태어나고 싶다는 열망을 많이 하면 빨리 태어나고, 발전의 욕구가 없어서 그런 상태로 좀 더 있겠다고 하면 무한정 있을 수도 있겠지요. 따라서 지구상에 태어난 사람은 그 누구를 막론하고 진화하고 싶어서 빨리 태어나기를 열망한 대단한 영들입니다. 이 부분은 자신에 대하여 자부심을 가져도 좋아요. 그러니까 나는 소중한 존재라고요. 아시겠죠?

별들이 사라지고 공중에 떠 있는 수많은 인간의 영체들이 보였다. 누워 있는 경우도 있었고, 앉아 있는 경우도 있었으며, 엎드려 있는 사람도 있었다. 처음에는 수십 명이 보였으나 점차 시야가 넓어지면서 수십만, 아니 그 이상의 영체들이 떠 있는 것이 보였다. 해수욕장의 백사장에 모래만큼이나 많은 사람들이 떠 있었다. 끝이 보이지 않았다. 선계의 눈으로도 보이지 않을 정도로 아득한 저 멀리에까지 떠 있었다. 한 사람 간의 거리는 양옆이나 아래위로 약 2~3장(6~9m) 정도로 떨어져 있었으며 모든 사람들이 줄을 맞추어 있는 것은 아니었다. 길게 보면 줄이 맞은 것 같았으나 반드시 그런 것은 아니었다. 가만히 보니 약간 넓은 공간을 차지한 사람도 있고, 그렇지 않은 사람도 있어 공간에 약간의 차이가 있었다.

위로 올라갈수록 얼굴에 화색이 돌고 금방이라도 깨우면 일어날 것 같은 상태인 것으로 보아 다소 의식이 있어 보이는 영체들 같았으며, 아래로 내려갈수록 얼굴에 화색이 없고, 거의 석고 같은 느낌이 들며, 생기가 없는 것으로 보아 의식이 없는 영체들이었다. 공중에 떠 있는 것을 보면 무중력상태 같았다. 몸을 움직이는 사람들은 없었다. 자신의 자리는 항상 그대로인 것 같았다. 무엇인가가 아주 작은 별똥별 같은 것이 이들이 떠 있는 곳을 지나가자 약간 흔들리더니 다시 제 자리를 찾아 들어가고 있었다. 아무것도 보이거나 얽혀 있는 것은 없었으나 정확한 자리가 정해져 있는 것 같았다. 모든 사람들이 자신이 생전에 입던 옷을 입은 모습 그대로 공중에 떠 있었으나 미동도 없이 가만히 있었다.

"지금 보고 있는 곳은 사망한 인간의 영체들이 보관되어 있는 곳이네. 이곳에서는 영급의 차이에 의해 보관 장소가 정해지네. 우주란 워낙 넓어서 저렇게 끝도 없이 보이는 것 같아도 아주 좁다고 할 수 있지."

아마도 지금까지 죽은 모든 영체들이 환생한 일부를 제외하고는 거의 다 있는 것 같았다. 저렇게 많은 영체들이 있었구나.

— 『소설 仙』 1권, 도서출판 수선재, p256

한편 자신은 태어나고 싶으나 태어나지 못하는 경우도 있다고 해요. 다음은 그런 분들과의 대화 내용 중 일부입니다.

〈 ○○대사와의 대화 중 〉

저는 세상의 이치를 일찍 깨달아 당시로써는 좀 아는 축에 들었습니다. 허나 그 대사라는 호칭 때문에 공부를 게을리 한 나머지, 이렇게 아직 해야 할 공부를 가지고 다시 환생하기를 기다리고 있는 중입니다.

**얼마나 남으시었나요?**

아직 남아 있는 것이 대략 25% 정도로서 잘하면 한 번의 공부로 가능할 것도 같습니다.

**무엇을 하시었는지요?**

공부를 했으면 펴는 것이 가장 중요한 일인데 그때는 방법을 잘 선택해야 합니다. 헌데 저는 한 여인을 통해 펴는 방법을 선택했는데 그 여인이 제가 하고자 하는 바를 잘 소화해 내지 못하다 보니 영계에서 대기 중입니다.

– 『한국의 선인들』 2권, 도서출판 수선재, p154

○○대사는 교화의 목적을 띠고 지구에 왔다고 합니다. 이분에 대해 후손들이 높게 평가하고 존경도 받지만 공부를 제대로 마치지 못해 영계에서 대기하면서 다시 지구에 태어날 순번을 기다린다고 해요. 왜냐하면 보급하는 과정에서 보급하지 않느니만 못한 잘못이 있기 때문에 순번이 오지 않는 것이라고요. 물론 나중에 후손들로부터 존경을 받았지만 당대에는 결과가 그러했기 때문에 거기서 대기 상태로 있으면서 지은 업을 갚고 있다고 합니다. 그곳에서 가만히 계시는 것이 아니라 강의 등을 통하여 수준에 맞는 분들을 교화시키는 일을 하고 있다고요.

『노인과 바다』라는 작품으로 유명한 미국의 작가 헤밍웨이 좋아하시죠? 이분은 전생에 훌륭한 작품을 많이 남겼지만 자살로 생을 안타깝게 마감하고 말았지요. 이 분은 현재 어디에 있을까요?

**헤밍웨이 님은 지금 어떤 상태에 계신가요?**

저는 무의식 상태로 보관되어 있는 수많은 영들처럼 자신이 현재 존재하고 있는 지조차 모르는 정도의 수준으로 있지는 않습니다. 그러나 현재 제가 정확히 어디에 있는지는 모르겠어요. 제가 볼 수 없도록 베일 같은 것이 가로막고 있어요. 저는 일종의 보관 상태에 있습니다. 지구에서의 삶을 돌아보고 성찰하는 장소에 있지요. 다른 고차원의 존재들이 저를 지도해주고 있어요. 일종의 특별교육인데 이것을 받을 수 있다는 것이 행운입니다.

**그곳에 있는 이유가 뭔가요?**

지구에서 사는 동안 제가 하기로 했던 진전을 이루지 못하고 사람들을 잘못 이끄는 무거운 업을 지었기 때문에 이곳에 왔다고 생각합니다. 제 역할을 완수하지 못한 업과 자살로 인한 업도 있습니다. 지구에서의 삶이 모든 면에서 성공하지 못한 것은 아니지만 잘못된 선택을 쌓아감으로 인해 스스로의 진화를 늦추어버린 결과가 되었습니다. 이것이 제 후회의 원천입니다. 현재 공부 주제이기도 하고요.

**님과 대화를 하면서 가장 깊게 받은 느낌이 후회였어요. 앞으로 다시 지구에 태어나게 되나요?**

당분간 지구에 태어나는 것은 불가능하다고 들었습니다. 우주에서 자살은 심각한 문제로 여겨진다고 들었습니다. 왜냐하면 자살은 더 이상 공부하지 않겠다는 의미를 지닌 단호한 행동이기 때문입니다. 더 이상 발전을 거부하는 것은 우주의

기본적인 원칙에 어긋나는 일입니다. 그러므로 저는 몸을 받아 영혼을 성숙하게
하는 데 더 밀접한 인연을 가진 다른 영들보다 순번이 뒤쳐져 있습니다.

- 『지구를 빛낸 우주인 이야기』, 도서출판 수선재, p184

헤밍웨이는 1차 세계대전으로 인한 사람들의 고통을 글, 예술을 통해 승
화시키는 모델을 보여주기 위해 어느 높은 차원의 별에서 온 분이라고 합니
다. 물론 살아있는 동안 영혼을 두드려주는 작품을 많이 남겨 존경을 얻고
있지만, 자살로 생을 마감했기에 잘한 것도 반, 못한 것도 반이라고 하더군
요. 그래서 지금은 영계에 있으면서 그간의 일을 되돌아보며 대기 중에 있
다지요.

오늘도 많은 사람이 태어나고, 또 많은 사람이 죽지요. 왜 태어나는지 모르
는 것은 물론, 왜 죽는지도 모르고 죽어가지요. 더 살고 싶어 발버둥 쳐도
죽습니다. 안타깝게도 발버둥을 치면 칠수록 더 비참하게 죽는 것이 현실
인 것 같습니다.

인간은 왜 태어날까요? 또 왜 죽을까요? 아무리 유명한 학자라고 하더라도
삶과 죽음의 문제에 대하여는 정작 아는 것이 별로 없지요. 그러니 보통 사
람의 경우는 더 말할 필요가 없을 것입니다. 인간에게 있어 가장 중요하다
고 할 수 있는 삶과 죽음에 대한 원리를 모르고 살아지는 대로 살면서는 무
얼 안다고 말할 수 있겠습니까?

내가 많이 안다고 생각할 때는 지금 알고 있는 것만도 버거워서 무얼 더 알려고 하지 않죠. 그러나 '내가 아는 것이 다가 아니었다, 근본을 몰랐다'는 생각이 들기 시작하는 순간부터 그동안 지식이란 이름으로 무장했던 많은 것들이 버려지면서 '정말 모르겠다, 나는 아는 것이 없다'는 생각을 하게 됩니다. 그런 상태가 되고서야 비로소 인간은 배우려 하지요. 삶과 죽음에 대해서는 그것을 계기로 하나하나 풀어나갈 수 있지 않을까요?

현재 지구상에 태어나 있는 영은 태어나고 싶은 의지가 특별히 강한 영이라고 하더군요. 하필이면 자연재해, 공해, 전쟁 등으로 지구가 요동치는 지금 시대에 태어난 이유는 한 생에 많은 공부과목을 이수하기 위해서라고요. 그런 것을 안다면 지금의 삶이 그저 주어진 게 아니라는 것을 알 수 있지요. 자신도 또 옆의 사람도 마찬가지랍니다.

둘째 마당

태어나기 전에 내가 고른
# 나의 인생

둘째 마당 ● 태어나기 전에 내가 고른 나 의 인 생

# 인생에는 설계된 스케줄이 있다

인간의 태어남이 기적과도 같은 일이라면 이번 생에 태어나면서 아무 계획 없이 태어날 것 같지 않거든요. 뭔가 운명처럼 예정된 것이 있나요?

여러분은 어떻게 생각하세요?

아마도 특별한 계획이 있지 않나요? 그렇지 않다면 기적이라고 해야 할 정도의 어려운 확률로 굳이 인간 세상에 태어나야 할 이유가 없는 것 같거든요.

사람은 태어나기 전에 이번 생에서 어떤 모습으로 살아갈 것인지에 대해 미리 설계를 한다고 해요.

살면서 많은 시련에 부딪히지요. 그때마다 나에게 왜 이런 시련이, 왜 이런 어려움이 닥치는지 의문을 가지지도 하고 하늘을 원망하기도 하죠. 왜냐하면 인생에서의 시련이란 의미 없이 당하는 것이고, 우연히 일어나는 것이라고 생각하기 때문이죠.

하지만 그 시련들이 내가 태어나기 전에 스스로 계획한 것이라고 한다면 어떨까요? 이생에서의 삶을, 그것도 고통스러운 시련들은 전생에 스스로 골랐을 가능성이 크다고 합니다. 특히, 커다란 시련일수록 스스로 선택했을 가능성이 더 크다고요. 그러나 인간의 삶이 모두 계획대로만 흘러가는 것은 아니죠. 삶의 큰 줄기는 계획되어 있었지만, 인간의 행동에 따라 세부사항에 있어서는 조금씩 변경된 모습을 나타내기도 합니다.

로버트 슈워츠가 지은 『웰컴투 지구별』에는 현재 내 삶의 모습을 전생에 스스로 계획하였다는 내용이 수록되어 있지요. 이해를 돕기 위해 같이 한번 읽어볼까요?

이생에서의 삶을, 그것도 고통스러운 시련을 태어나기 전에 계획했다는 말은 너무 충격적일지 모르겠다. 그 기분을 나도 잘 알고 있다. 이런 생각은 세상을, 그리고 우리가 이 세상에 온 목적을 아주 새롭고 다르게 보게 한다. 고통스러운 시련을 겪고 있는 사람일수록 이 생각을 받아들이기는 더욱 어려울 것이다. 나 역시 오랜 시간이 걸렸고 많은 단계가 필요했다. 특히 내 삶에서 가장 고통스러운 순간을 대면해야 할 때는 더욱 그러했다. 하지만 그 순간들마다 나는 상처가 치유되는 것을 느꼈다. 분노와 원한이 사라지고 그 자리를 평화와 기쁨이 대신했다. 전에는 힘겹기만 하던 삶에서 아름다움을 보았다.

태어나기 전에 우리가 세우는 계획은 범위가 무척 넓고 그 내용 또한 자세하다. 우리는 단지 삶의 시련만 선택하지 않는다. 부모를 고르고, 부모 또한 우리를 고른다, 언제 어디서 태어날지를 고르며, 다니게 될 학교와 살게 될 집, 만나게 될 사람들과 갖게 될 관계들도 고른다. 방금 만난 사람인데 어디선가 본 듯한 친숙한 느낌을 받는다면 그 느낌이 틀리지 않을 것이다. 그 사람은 아마 태어나기 전에 만나기로 계획한 사람일 가능성이 크다. 어떤 장소나 이름, 이미지나 문구를 처음 접했는데도 이상하게 친숙하다면 그것은 태어나기 전에 의논한 전생계획의 기억이 어렴풋이 떠올랐기 때문인 경우가 많다.

— 『웰컴투 지구별』, 로버트 슈워츠 지음, 샨티, p10~24 발췌

만일 신체장애를 지닌 당신이 이것이 유일한 생이며, 몸이 곧 자기 자신이라고 믿는다면 남는 것은 비참한 절망감뿐일 것이다. 그 반면 자신을 영원한 영혼으로 본다면 그 결과는 전혀 다른 삶이 될 것이다. 나아가 그 장애를 스스로 계획했으며 실은 그 안에 깊은 의미가 있다는 것까지 이해한다면 당신의 삶은 그 의미를 발견하려는 탐구의 여정이 될 것이다. 고통은 가벼워지고 공허함은 목적으로 채워질 것이다.

전생 계획을 모르던 시절 나는 나보다 좋지 않은 처지에 있다고 생각되는 사람들, 예컨대 노숙자를 보면 불쌍하다고 생각했다. 하지만 이제는 이처럼 '나쁘게' 보이는 경험이 계획된 것일 수 있음을 알기에 그저 깊은 존경심을 느낄 뿐이다. 나는 스스로에게 묻는다. 저이는 무엇을 배우고자 혹은 이바지하고자 했을까? 그리고 나에게 상기시킨다. 저 여자는 지금 자신이 원하던 바로 그 경험을 하고 있는지도 모른다고. 저 남자는 저토록 어려운 삶의 계획을 실천하는 커다란 힘을 보여주고 있는 거라고. 그 영혼들이 무슨 까닭으로 그런 시련을 선택했는지는 내가 알지 못하지만, 나는 그 삶이 사랑에 바탕을 두고 지혜 속에서 계획되었다는 것을 안다.

— 『웰컴투 지구별』, 로버트 슈워츠 지음, 샨티, p338

내게 고통이 닥쳤을 때 그 고통을 스스로 선택했다는 것을 아는 것만으로
도 그것을 받아들이는 시각이 많이 달라질 것 같아요. 그뿐 아니라 내가 그
시련들을 무슨 이유로 계획했는지까지 안다면 그 시련으로부터 배움을 끌
어낼 수도 있겠지요. 고통이 닥칠 때는 두려워하고 분노하고 억울해하고 남
을 탓하고 자기 연민에 빠질지 몰라도 내가 선택한 스케줄이라는 것을 인
지한다면 나쁜 길로 빠지기보단 점차 그 고통을 받아들이고 내면을 성장시
키는 데 관심을 기울일지도 모르죠.

## 최적의 진화를 위한 스케줄의 선택

태어날 인간의 스케줄은 스스로 작성하는지요, 아니면 그것을 도와주시는 분이 따로 있는가요?

실은 아까 책에서 본 것처럼 인간이 직접 스케줄을 작성하는 것은 아니에요. 책을 인용한 것은 다만, 여러분의 이해를 쉽게 돕기 위해서였답니다. 영이 태어나기 전에 인생 스케줄을 짤 때에는 그 영의 상황에 맞추어 스케줄 작성을 도와주시는 분들이 계신답니다.

지구에는 하루에도 수만 명의 인간이 태어나죠. 이들을 신들이 그 영이 태어나려는 의도와 공부 과제, 태어날 장소 등을 살펴 각각 적합한 곳에 배치한다고 해요. 신들은 영의 직접적인 의사 표시를 듣지 않아도 각 인간의 정보가 담긴 기록을 보면 정확하게 한 영에게 필요한 것이 무엇인지 확인할 수 있기 때문입니다.

그분들이 하시는 일이란 우선 한 사람이 그간 행해왔던 일을 판단하여 지구에서 어떤 인과에 의해 살아야 할지를 판별하지요. 전생의 업을 주로 보며, 업해소를 위해 어떤 조건을 부여해야 할지를 살핍니다. 그런 다음 영이 치러야 할 인과응보의 양과 질을 계산하여 스케줄의 기본 자료로 삼아요.

스케줄을 짤 때 장애물과 삶의 도움 요소를 함께 프로그래밍하는데, 장애물은 그간의 업을 해소하는 차원일 경우가 많죠. 지구는 자기책임주의로 운영되는 별이기 때문에 스케줄의 근저에는 업 해소의 과정이 있어요. 즉, 업을 해소하는 과정을 통해 자신이 저지른 일은 자신이 책임져야 하는 것이죠.

그리고 꼭 업 해소를 이유로 장애물을 설정하는 경우만 있는 것이 아니라 무언가를 더 배우기 위해 장애물을 추가로 설정하는 경우도 있어요. 그것은 순수한 배움을 위한 목적으로 자신의 생을 잘 살아냈을 때 영이 받는 보상은 크다 할 수 있지요.

스케줄을 짜는 원리는 자기책임주의에 따른 인과에, 태어나 한 인간이 해야 할 일이 무엇인지 판별하고, 장애물과 도움 요소를 설정하고, 그 장애물과 도움 요소를 구체화하는 방안으로 어떤 부모와 성장 환경을 부여할 것인지를 정하는 순서로 진행된답니다. 스케줄 짜는 원리를 이해하면 인간이 어떻게 해서 태어나는지 이해하기가 더욱 쉽죠.

이때 영이 자신의 스케줄 짜는 모습을 바라보는 것은 어느 정도 수준이 되는 경우이며, 영급이 낮으면 그저 스케줄이 다 짜인 후 동의하는 절차만 밟는다고요. 그렇기 때문에 수준 높은 영일수록 지금의 스케줄은 자신의 의사가 반영되었을 확률이 높죠. 만약 짜인 스케줄에 동의하지 않으면 탄생이 유보되어 다시 영계로 돌아간다고요. 영의 자유의지를 존중하기 때문이죠.

스케줄을 작성한 후 사람에 따라 지구에서 이루어야 할 소명 또는 사명을 구체적으로 정하는 작업에 들어갑니다. 어떤 일을 해야 지구에 탄생하게 될 영이 자신도 성장하고 주위에 좋은 영향을 끼칠 수 있는지를 판단하는 작업이지요.

소명이라고 하니 생소하게 들릴지도 모르는데, 이것은 모든 사람에게 주어지는 것이 아니라고 해요. 용기 있게 자기 생업生業을 버리고 의미 있는 일을 찾아 나선 사람에게만 비로소 주어진다고요. 보통 사람은 자기 자신과 가족을 위한 일을 하기에도 벅찬 면이 있으나, 소명이 주어진 사람은 자기 자신과 가족을 위한 일에서 벗어나 타인과 사회를 위하여 유익한 일을 할 준비가 되었기 때문이죠.

그러나 소명이 없는 사람이라 해서 역할이 없는 것은 아니랍니다. 임무 또는 직분을 가지고 있지요. 임무任務는 자신에게 맡겨진 일을 말하고, 직분職分은 자신이 마땅히 하여야 할 본분을 말합니다. 임무를 잘 수행하다 보면 직분이 주어지고, 직분을 잘 수행하다 보면 소명이 주어진다고요.

예를 들어 세탁소를 운영하며 어려운 이웃을 많이 도운 사람이 있다면, 그 사람은 직분을 이용하여 사랑을 실천한 사람이지요. 이 사람의 경우 비록 소명이 없는 사람이지만 하늘에서도 남달리 평가하시겠죠.

소명이 직분과 다른 점은 직분은 세상유지를 위한 일의 성격이 강한 반면, 소명은 세상의 진화 혹은 영적인 발전에 기여하는 일이라는 점이죠.

또 다른 예를 들어볼게요. 어떤 사람이 무기 공장에서 일은 한다고 쳐요. 그 사람은 무기라는 해로운 물질을 생산하지만 그것이 세상의 질서를 유지하는데 기여하는 면도 있죠. 이런 경우 그 사람은 직분을 수행하는 거지요. 그러나 무기가 세상의 나쁜 질서를 유지하는 일에 쓰이므로 업이 없다고 볼 수는 없어요.

무기 공장에서 일하던 사람이 어느 날 자신의 일에 대해 깊이 생각할 기회가 생겨요. 그러면 그 사람은 세상의 옳은 일이 무엇일까 고민을 하다, 지금까지 왔던 길에서 진정 보람 있는 자기만의 일을 찾아 나설 수도 있지요. 이때야 비로소 사람은 소명 실천의 첫 단계에 들어섰다고 볼 수 있어요.

대개의 사람은 이러한 자각 없이 살고 있기에 소명의 단계에 들어서지도 못한 채 생을 마감한다고 해요. 그렇기 때문에 자신의 소명 실천이 뭘까 고민하는 사람은 그것만으로도 상당히 깨인 사람이라 할 수 있지요. 만약 소명이 있는 분이라면 그것의 의미가 얼마나 큰지, 소명을 부여받고 실천할 수 있는 삶을 살 수 있다는 것이 얼마나 큰 축복이자 혜택인지 알아야 한답니다.

이제껏 인생 스케줄에 대해서 얘기했었죠. 스케줄에 대해 이젠 좀 더 구체적으로 얘기해볼까요?

태어나는 사람 중에는 인생 역정을 자신들이 원한 바에 의해 또는 동의한 바에 의해 정하여 태어나는 경우가 있고, 본인들의 동의 여부와 관계없이 스케줄을 부여받는 사람도 있어요.

왜 사람마다 다른가 하면 자신들이 원한 바에 의해 또는 동의한 바에 의해 스케줄을 정하여 태어나는 사람들은 영이 진화된 정도에 따라 자유의지가 몇 %이냐만 다르고 큰 줄기는 모두 본인들이 동의한 스케줄이랍니다. 태어나면서 하늘에게 '저는 이러이러한 삶을 살고 돌아오겠습니다' 하고 약속을 하는 거라고 할 수 있답니다.

반면, 본인들의 동의 여부와 관계없이 스케줄을 부여받는 사람들은 아직까지 인생의 의미를 가슴 속 깊이 느끼지 못하고 있기 때문에 하늘이 그 의미를 깨달을 때까지 본인의 동의 여부와 관계없이 가장 큰 깨달음을 얻을 수 있는 조건 속에 태어나게 하기 때문이지요. 아직 스스로 스케줄을 짤 만큼 성숙하지 못했다고 생각하면 되죠.

# 최적의 부모 찾기

스케줄이 정해지면 영은 구체적으로 어떤 과정을 거쳐 태어나는지요?

이제 스케줄이 정해졌으니 태어나야 그 스케줄을 실현시킬 수 있겠죠? 몸이 있어야 하니까요. 스케줄이 정해진 다음엔 어떤 이가 부모로서 적절한지를 판별합니다. 영의 스케줄에 적합한 유전적 요인, 사회문화적 요인, 부부 관계, 형제자매의 요건 등을 종합적으로 판별하여 그 아이에게 가장 적합한 부모의 상을 세운다고 하죠. 이 과정은 어떤 부모가 가장 좋은 공부 과제와 해결책을 제시해줄 수 있을 것인가를 판별하는 작업입니다. 공부의 과제란 부모로 인해 겪을 고통과 어려움이고, 해결책이란 부모로 인해 해결하고 넘어갈 수 있는 자신의 부족한 점 또는 넘치는 점 등을 일컬어요.

그 후 구체적으로 부모 찾는 일에 들어갑니다. 부모를 찾는 일은 쉽게 말하면 컴퓨터와 같은 것을 통해 이루어집니다. 부부 중 아기를 가질 가능성이 높은 부부의 명단과 부모의 성격과 재능, 유전자의 특징 등이 우주의 어딘가에 기록되어 있어요.

말하자면 슈퍼컴퓨터보다 수천 배 강력한 기능을 가진 컴퓨터가 우주에 있다고 보면 됩니다. 이는 지구가 애초에 생명체를 길러내는 별로 선정될 때부터 갖추어진 시스템이지요. 이 검색 시스템은 각 개인의 명부*와 연결되어 있으며, 각 개인의 보호령 혹은 보호령이 없는 경우는 일정 지역을 관할하는 선한 영적인 존재들이 아이가 태어날 지역에 사는 부모의 동태를 파악하여 자료를 입력함으로써 기능이 보완되기도 합니다.

이 컴퓨터는 부모의 특성, 재능, 유전자 등의 정보를 모두 판별하여 적합한 부모를 물색하여 몇 가지 선택지를 제시해주는데, 탄생을 관장하는 신이 그 선택지 중 가장 적합한 부모를 택하여 지정해준다고 해요.

이런 일들은 문을 열고 닫는 일을 하는 것과 비슷하다고 이해하시면 되겠어요. 부모는 아이를 세상에 보내는 문과 같지요. 문 중 어떤 문을 열고 어떤 문을 닫을지에 대하여 결정하는 일이죠. 또 그 영혼을 잘 인도하기 위해 보호령이 함께하죠. 서양에서는 보호령은 수호천사라는 명칭으로 부르기도 하지요. 새로 태어날 아이의 보호령은 아이의 부모가 결정된 단계에서 지정됩니다.

임신할 계획이 없는 부모의 경우 부모들의 자유의지를 존중하되, 낳고자 하는 뜻이 있다면 낳는 시기를 조절하여 아이가 적절한 시기에 태어날 수 있도록 해줍니다. 낳고 싶은 의사가 없는데 임신을 하는 경우 아이가 적절하게 태어날지 알 수 없기 때문에 영의 배정을 서두르지 않는다고요. 허나 그럼에도 불구하고 아이를 낳기로 결심한 경우는 영을 배정하여 임신 과정을 지켜보며 태어날 시간대를 조절한다고 하죠.

아기가 수태한 후에 영이 배정되는지요? 아니면 먼저 그 부모에게 영이 배정된 후

한 인간도 계획 없이 우연히 태어나는 경우는 없다고 해요. 사전에 태어날 영이 배정된 후 수태가 이루어집니다. 물론 영이 사전에 배정되어 있다 하더라도 꼭 그 영이 배정되지 않을 수 있으나 비록 영이 바뀐다 하더라도 예비 명부*에 의하여 비슷한 형질을 가진 영이 배정된다고 해요. 수태되는 과정은 그 부모에게 배정된 영이 자신이 태어날 스케줄에 맞추어 관계를 가지도록 만들어 수태가 이루어지도록 하지요.

이럴 경우 부모가 아이를 잉태하고 싶은 상태에서 수태가 된다면 부모와 좋은 관계가 이루어지는 아이가 태어날 것이고, 부모가 원치 않는데도 수태가 된 경우에는 부모와 태아 사이의 관계가 원만하지 못하여 출생 후에도 문제를 야기하는 아이가 태어나기 쉽다고 합니다. 그러니 태어나기 전 부모와 아이의 관계도 굉장히 중요한 요소랍니다.

요즘 자식들이 각광받는 시대가 왔지만 실은 부모 찾는 일이 굉장히 어렵다고 해요. 자신에게 적합한 부모를 못 찾으면 수백 년을 기다리기도 한다고요. 고아로 태어난 영의 경우 부모를 찾는 데 실패하는 상황에 지쳐 차라리 부모 없이 성장하겠다고 청원하여 태어난 경우가 많다고 해요.

따라서 고아로 태어난 이들이 영격이 높은 경우가 많아요. 고아로 태어났다는 것은 그만큼 홀로 인생을 헤쳐나가겠다는 의지가 강한 영이니 하늘에

● 명부 : 각 개인의 영이 창조된 이후의 정보가 컴퓨터에 파일이 압축저장 되어 있듯이 기록되어 있다.

서 바라보는 마음이 한층 각별할 수밖에 없지 않을까요. 삶에는 이토록 놀라운 비밀이 숨겨져 있다고요. 영의 스케줄은 저마다 오묘하며 하나도 같은 것이 없지요.

스케줄은 본인의 동의를 얻어야만 부여되기 때문에 부모가 선정되면 스케줄에 대한 동의 절차를 거치지요. 스케줄에 대한 동의 절차는 먼저 스케줄을 영의 눈앞에 펼쳐 보여주어 자신이 앞으로 어떤 삶을 살게 될지를 확인하게 해요. 이 단계에서 영이 자신의 의사를 개진하기도 하며, 스케줄이 자신의 진화를 위해 적절치 못하다고 판단하면 수정을 요청하기도 하지요.

대개는 그 요청이 받아들여지지 않아요. 그 이유는 스케줄을 짜는 이의 수준이 영의 수준보다 높기 때문에 왜 그런 스케줄이 영의 진화에 최적의 스케줄인지를 알려주면 수긍하기 때문이지요.

자, 그렇게 힘들게 스케줄을 짜는데 세상엔 왜 악인이 있는지는 궁금하지 않으세요? 우주 만물이 귀하고 각자 태어난 이유가 있다지요. 설령 악인일지라도 마찬가지랍니다.

악인의 스케줄은 악행을 통한 자유의지의 남용이 어떤 결과를 낳는지 몸소 체험하기 위한 스케줄인 경우가 많으며, 그러한 스케줄을 통해 겪을 고통과 고난을 받아들이겠다고 서명한 것입니다. 그러니 어떤 면에선 용기 있는 영혼이라고 볼 수 있어요.

우리가 흔히 지옥이라고 일컫는 영계의 지하 세계에 가는 것을 마다하지 않고 서명한 것이라 볼 수 있으니까요. 영계에 머물며 기약 없이 보내는 것보다는 그러한 스케줄이라도 부여받아 영적으로 발전할 수 있는 길을 가기를 원하는 것이지요.

이런 것을 안다면 하늘의 뜻이라는 것은 인간의 머리로는 알 수 없는 부분이 많다는 것을 알 수 있죠. 보이는 것이 다가 아닌 세상입니다.

# 태어나는 시간이 중요하다



아이가 태어나는 시기는 어떻게 결정되나요?

부모가 정해지는 시점에 아이가 태어나는 시기를 조절합니다. 부모가 될 사람에게 직접 개입하여 임신 시기를 조절하는 것은 아니지만 꼭 그렇게 하지 않아도 그 부모의 스케줄 상 아이를 낳아야 하는 때가 오면 스케줄의 힘으로 그 시기에 임신을 하게 됩니다.

출산 타이밍은 신이 관여하지요. 혹시 있을지 모르는 변수, 예를 들어 예기치 않은 사고라든가 인위적으로 태어나는 시간대를 앞당기거나 뒤로 늦추는 행위 등에 의해 출산 타이밍이 변경되는 것을 막기 위해, 출산에 관장하는 신은 산모를 지켜보며 언제 태어나게 할지 조절한다고 하죠. 10개월의 임신 기간이 있기에 조절함에 있어 어느 정도 한계가 있으나 그 안에서 최대한 당초 예정된 사주팔자와 유사하게 태어날 수 있도록 출산 시기를 조절합니다.

이러한 역할은 태어날 아이의 보호령이 하는 경우가 많지요. 태어나는 시時와 일日을 조절하는 것은 사주가 결정되는 중요한 일이기에 거의 이분들의 재량권에 달려 있다고 보면 되죠. 보호령이 없는 경우에는 신들이 대신 행합니다. 새로 태어날 아이의 보호령은 아이의 부모가 결정된 단계에서 지정된다고 아까 말씀드렸죠.

여러분, 임신 초기가 되면 산모들이 흔히 입덧을 하죠. 드라마에 보면 시부모와 며느리가 음식을 만들거나 밥을 먹다가 며느리가 갑자기 꺽꺽 하며 헛구역질을 하면, 시부모가 빙그레 웃으며 '우리 며늘아기가 혹시?' 하는 장면이 나오잖아요.

임신 초기에 산모가 겪는 입덧을 비롯한 여러 임신증상은 아이가 부모의 역량을 시험하는 과제로 주는 경우가 많다고 해요. 이런 얘기는 처음 들어보셨죠? 하지만 이런 어려움을 통해 부모는 아이가 소중하다는 것을 느끼고 태교에 정성을 쏟는 계기를 만들 수 있답니다.

대략 임신 후 5개월 이상 경과되면 영은 자신이 세상에 태어날 수 있다는 기대를 가진답니다. 그런데 갑자기 낙태 등으로 인해 그 기대가 무너진다고 칩시다. 그러면 그 영은 얼마나 심한 충격에 빠질까요? 태어나기 위해 그토록 오래 준비해서 자신의 조건에 맞는 부모를 찾았건만 태어날 수 없다고 한다면 그 충격이 상당하지 않겠어요? 태어나지도 않은 영이 어떻게 충격에 빠질 수 있단 말인가? 그 이유는 영이 사후세계에서 거의 의식이 없는 상태로 대기하고 있지만 수태가 이루어지면 일부 의식이 깨어나 산모와 교감할 수 있기 때문입니다.

그렇기 때문에 임신 기간 중 산모가 태어날 아이에 대하여 기대와 기쁨, 행복을 느끼는 경우는 태아도 똑같이 기쁨과 행복을 느끼고, 태어나서도 부모에게 감사하고 행복감을 느낀다고 합니다. 그러나 부모가 '왜 이런 원치 않는 임신을 했을까' 혹은 '왜 이런 힘든 인생을 살아야 할까' 등 고민이 많은 경우 그 고민과 원망이 똑같이 태아에게 입력되어 부모에게 감사하고 행복해하기보다는 원망하고 불행해하기가 쉬워요.

이런 경우 아이의 마음속에 맺힌 것이 있어서 태어나면서 반발하고 속을 썩이는 거죠. 그러니 아이를 가질 때에는 참으로 신중해야 하고 순리를 어그러뜨리지 않아야 하겠죠.

태어나는 시기가 정해지면 영에게 탄생과 관련된 교육을 시킵니다. 이번 생에 이러한 일을 하고 와야 한다고 각인시키는데, 영이 탄생할 때 전생의 기억은 사라지지만 각인된 것은 무의식 깊은 곳에 남아 동기를 부여하는 역할을 하죠. 그렇기 때문에 사람의 타고난 성향은 무의식에 새겨진 각인의 영향이 크다 할 수 있겠어요.

각인의 형태는 여러 가지이지만 대략적으로 만나야 할 사람에 대한 각인, 해야 할 일에 대한 각인, 어떠한 상황에 대처하는 자세에 대한 각인 등이 있어요. 누군가를 만났거나 어떤 일을 보았거나 어떤 상황에 처했을 때 무의식 깊숙한 곳에 있는 각인이 의식에 에너지를 보내어 태도를 좌지우지합니다. 그럴 때 사람은 왠지 모르게 끌리거나 소름이 끼치거나 영감을 받거나 그래야 할 것 같은 강한 느낌을 받게 됩니다. 운명의 손길을 느낀다고 표현하기도 하는데 각인의 힘으로 그러는 것이지요.

임신 과정에서 산모의 보호령, 태어날 영과 그 영의 보호령이 불행한 사고로 인하여 태어나지 못하는 일이 없도록 산모의 일거수일투족을 간절한 마음으로 지켜보고 있답니다. 아기와 기운으로 연결되어 있으나 아직까지 모체 내에서 모체에 종속적인 위치에 있으므로 직접적으로 영향력을 행사할 수는 없지만요.

아기가 태어날 시기가 되면 보호령을 비롯한 신들이 영을 백회를 통해 집어넣습니다. 들어간 영은 심장에 자리를 잡고, 전신의 신경망을 타고 영체를 신체의 각 부분에 골고루 분포됩니다.

한국의 일부 부모들이 아이의 사주를 좋게 만들기 위하여 제왕절개 수술 등으로 인위적으로 출산 시간을 조절하는 경우가 종종 있지요. 태어나는 시간이 달라짐으로써 기왕에 정해진 사주를 어긋나게 만드는 결과를 초래하지요. 이 경우 부모에게 큰 업이 될 수도 있습니다. 아이의 인생이 이럴 수도 저럴 수도 없는 스케줄이 되어 버리기 때문이지요. 아이의 입장에서 부모가 원망스러울 것이나 그런 부모를 택할 수밖에 없었던 것도 자신의 업이므로 억울한 일이지만 감내해야만 합니다.

이 경우 아이의 인생에 원래의 스케줄과 바뀐 스케줄이 혼선을 빚으며 들어오지요. 큰 줄기는 변하지 않으나 작은 부분에서 계속 혼선이 발생하여 어떻게 해볼 수 없는 상황에 부딪히는 경우가 많다고요. 스스로 뭔가 해볼 수 없는 혼란이 계속 일어나기 때문에 좌절감을 느끼지요. 사주가 바뀜으로써 얼마나 많은 혼란을 겪게 되는지 안다면 함부로 해서는 안 될 일임을 알게 되지요. 사주는 하늘의 영역이기 때문이지요.

여기서 알 수 있는 것은 아이는 부모의 소유물이 아니라는 것입니다. 부모라고 하더라도 아이의 인생을 마음대로 조정하려 해서는 안 되지요. 모든 것은 자연스러운 것이 가장 좋아요. 세상에 그 어떤 뛰어난 사람도 하늘의 지혜를 능가할 수는 없기 때문이지요.

## 진화를 도와주는 보이지 않는 존재


보호령이란 어떤 존재이며, 어떤 역할을 하는지요?

보호령保護靈이란 영의 세계에서 인간을 인도하고 보호해주며, 하늘의 업무를 일선에서 처리하는 존재들이에요. 보호령의 존재는 수호신이니 수호천사니 하는 이름으로 전해오고 있어 사람들은 보호령이 있음을 어렴풋이 알고 있죠. 보호령의 존재는 영의 세계에서 인간의 생로병사를 주관하고 있음을 나타낸답니다.

보호령은 정해진 모습이 없으나 인간에게 보일 때는 친화도를 높이기 위해 조상이나 요정 등 친근한 모습으로 나타나는 경우가 많지요. 한국에서는 조상의 모습으로, 일본에서는 신의 모습으로, 서양에서는 천사의 모습으로 나타나지요. 보호령의 존재는 다양한 구전 설화나 동화, 민담 등을 통해 전해집니다. 신데렐라에서 신데렐라를 도와주는 요정 대모는 보호령의 역할을 잘 드러내 주는 인물이며, 백설공주를 도와주는 일곱 난쟁이도 마찬가지랍니다.

보호령은 그 사람이 태어날 때 조상 혹은 인연이 있는 영 중에서 하늘에서 지정해줍니다. 보호령이 되면 피동적인 위치에서 벗어나 어느 정도 힘을 가지게 되지요. 사후세계에 있는 영들 중에서 품성이 어느 정도 이상 닦인 영이 보호령이 되며, 보호령으로 지정받으면 그 사람의 주변을 떠돌며 보호하는 일을 하지요.

보호령이 되면 하늘로부터 스케줄 열람과 관리 권한, 스케줄 실현을 위한 파워를 부여받게 됩니다. 그 사람의 스케줄 전체를 열람할 수 있는 것은 아니지만 이번 생의 공부와 관련한 스케줄은 열람할 수 있어요. 스케줄 관리란 스케줄대로 공부를 잘해나가도록 관리하는 것을 말하지요. 보호령의 이러한 혜택을 안다면 보호령의 보호를 받는 것이 얼마나 큰 혜택인지 알 수 있을 거예요.

보호령이 없는 경우도 있어요. 이런 경우는 영의 진화 의지가 워낙 약하여 보호해주는 것이 의미가 없기 때문이지요. 또한 보호령이 있으나 악행을 자행하여 보호령의 마음이 그 영을 떠났기 때문에 영이 자살하거나 목숨을 잃을 처지에 놓여도 도와주고 싶어 하지 않는 경우도 있지요.

보호령이 지정되어 있지 않은 사람은 하늘의 보살핌을 받지 못하며, 사고 시 도움을 받지 못하지요. '구천을 떠돈다'는 말이 있는데, 이는 사고로 죽은 사람이나 원혼들이 인도를 받지 못하여 하늘로 올라가지 못하고 지상에 머무는 것을 말하지요.

보호령의 마음에 들어야 제대로 보호받고 인도받을 수 있어요. 보호령의 마음에 드는 방법은 스케줄의 존재를 인식하고 이를 알고자 노력하며, 스케줄 상의 배움과 사랑과 소명을 실천하는 것이지요. 보호령의 마음에 들면 보호를 받는 것뿐만 아니라 스케줄에 있는 것 이상의 혜택을 받는 경우도 있어요. 보호령의 마음에 드는 사람은 쓰나미, 지진 등의 천재지변에서 벗어나 생명을 유지할 수 있어요.

보호령의 존재는 인류에게 하늘의 사랑이 있음에 대한 직접적인 신호이지요. 보호령의 사랑을 받는 인간이 되는 것만으로도 사랑의 본질인 보호받고 인도받는 일의 정수를 느끼게 되지요. 보호령의 무궁무진한 보살핌을 알고, 보호령의 사랑을 받는 인간이 되도록 노력해야 하지요.

보호령은 어떻게 영을 보호하고 있는지요?

보호령은 평소 상공 100m 정도 높이에서 지켜보고 있어요. 그러나 24시간 지켜보고 있지는 않다고 합니다. 자고 있는 동안에는 보호령도 나름의 휴식을 갖지만 자고 있는 동안에 사고가 날 것이 예상되는 경우는 예외이지요. 상공 100m 정도에 있는 이유는 인간들에게 어느 순간 닥칠지 모르는 위험을 막는데 그 정도 떨어져 바라보는 것이 가장 좋기 때문이지요.

보호령이 이동하는 방법은 사람이 타고 가는 것을 같이 타고 갑니다. 비행기를 타고 가는 경우 비행기에 앉아서 같이 가지요. 자동차의 경우도 자동차 위에 앉아서 사방을 살피며 갑니다. 보호령이 어떻게 물질인 자동차와 비행기에 의존하는지 궁금할 수 있으나 물질별인 지구이기에 일어나는 일입니다. 의존하지 않고도 얼마든지 따라갈 수 있으나 그렇게 할 필요가 없기 때문이지요.

보호령은 그 사람의 스케줄 상 사고나 액난을 당해야 하는 시점이면 그것을 당하도록 내버려두어요. 그러나 스케줄 상 일어나지 말아야 할 일이 일어나는 경우에는 방지하지요. 이런 경우라도 인간에게는 자유의지가 있기 때문에 결정적인 잘못이나 스케줄에 어긋나는 행동을 하는 경우가 아니라면 영향력을 행사하지 않는다고 합니다. 인간의 행동에 일일이 간섭하는 것은 인간의 자율성을 훼손하여 타율적으로 만들어 바람직하지 못한 결과를 가져오기 때문이지요.

교통사고, 익사사고 등 사고는 조그만 차이가 발생 여부를 판가름하므로 결정적인 순간에 보호령이 영향력을 행사하지요.

이런 모습이 마치 인간이 모형 자동차를 조종할 때 다양하고 재미있는 상황을 연출하는 것처럼 보호령이 인간을 조종하여 다양한 국면을 연출한다고 생각하기 쉬운데 그와 같은 일이 발생할 수는 없지요. 보호령에게 그와 같은 일을 할 수 있는 능력은 있지만 자신이 보호하는 인간을 그와 같이 조종한다면 보호령의 지위를 박탈당하거나 경고를 받기 때문이지요.

따라서 보호령은 평소에 특별한 행동을 하지 않고 그저 지켜보고 있지요. 그렇다고 아무 일도 하지 않는 것이 아니라 그 인간이 스케줄대로 살아갈 수 있도록 끊임없이 영에게 메시지를 주어 바른 길로 유도하고 있지요. 인간이 스케줄대로 가지 않고 나쁜 길로 빠지는 경우에는 바른 길로 갈 수 있도록 메시지를 보내긴 하지만 인간의 행동 하나하나에 간섭하는 것은 금기이므로 그럴 경우 안타까운 마음으로 지켜보죠. 특별한 경우 사고를 유발하여 고통을 통하여 자신을 돌아볼 수 있는 기회를 제공하기도 하지만 그렇게 하여도 깨닫지 못하면 어쩔 수가 없지요.

우주란 인간이 상상할 수 없을 정도로 광활하답니다. 그 안엔 다양한 변수가 있어 여러 가지 상황이 연출돼요. 이 다양함이 서로 부딪히고 조화를 이루면서 우주의 발전을 촉진시키는 면이 있어요. 따라서 어느 것이 선이고 어느 것이 악인지 인간의 눈으로는 일률적으로 평가할 수 없지요.

한 인간이 스케줄을 따라 평온하게 살다 생을 마감하는 것도 가능하고, 스케줄에 따르지 않고 다양한 변수를 경험하는 것도 가능합니다. 보호령의 경우 스케줄에 따르지 않는 삶을 사는 인간을 보호하는 것이 더욱 힘이 들 것입니다.

그럼 내가 스케줄에 따른 삶을 살고 있는지, 그렇지 않은지를 어떻게 알 수 있을까요. 그걸 알아보는 방법은 간단해요. 자신의 삶을 살펴보면 자명해지지요. 이 우주의 창조목적이 진화이고, 인간으로 태어나는 이유도 진화이죠. 따라서 내가 진화의 방향으로 살고 있다면 스케줄에 따른 삶을 사는 것이고, 퇴화의 방향이나 정체된 삶을 살고 있다면 스케줄에 따르지 않는 삶을 살고 있는 것이지요.

타인을 사랑하고 사랑을 베푸는 삶을 살고 있다면 스케줄에 따른 진화의 방향으로 살고 있는 것이고, 남이야 어떻게 되든 나와 내 가족만을 위하는 삶을 살고 있다면 당연히 스케줄에 따르지 않는 퇴화나 정체된 삶을 사는 것이 되겠지요.

그러나 스케줄이야 어찌 되었든 결과적으로 자신이 인도하고 있는 사람을 바람직한 방향으로 인도하였을 경우 보호령의 공덕은 크다고 할 수 있어요. 인간뿐만 아니라 보호령도 자신이 인도하는 사람이 죽고 난 후 하늘의 평가를 받습니다. 영을 잘 인도한 공덕이 있는가, 혹은 잘못 인도한 업보가 있는가를 판별하여 등급이 조정되지요.

# 사고를 받아들이는 태도

이런저런 사고로 부상을 입거나 죽는 사람들을 볼 수 있습니다. 그들은 어떤 인과로 그런 일을 겪는지요? 순전히 우연인지요, 자신의 스케줄 때문인지요, 아니면 하늘의 보호를 받지 못해서 그러한지요?

이런저런 사고로 부상을 입거나 죽는 사람들이 사고를 겪는 이유는 사고의 성격에 따라 천차만별이라 일률적으로 말씀드릴 수는 없죠. 그래도 사고 중 교통사고는 스케줄이기보다는 본인의 부주의와 성격상의 문제가 반영된 경우가 많다고 할 수 있지요. 급하고 자제력이 부족한 성격으로 인하여 마주친 상황에 차분하게 대처하지 못하고 이성을 잃어버림으로써 일어나지 않아도 될 사고가 일어날 수 있죠.

예를 들어 고속도로에서 운전 중에 자신의 차선으로 끼어들려는 차량이 있다고 해요. 이를 끼워주지 않으려다 상대방이 억지로 끼어들 때 화를 참지 못하고 본인이 다시 억지로 끼어들다 사고가 나는 경우가 있죠. 이런 경우는 조금만 양보하면 아무런 문제도 발생하지 않을 것을 욱하는 성질 때문에 대형 사고를 유발하여 불구가 되거나 심지어 목숨을 잃는 일까지 발생하기도 해요.

사고로 큰 부상을 입거나 불구가 되는 경우는 스케줄인 경우가 많으나 그렇다고 해서 스케줄이 모든 것을 좌우하지는 않지요. 우연한 사고였는데 보호를 받지 못해 그러한 부상이나 죽음을 당하는 경우도 있어요.

보호를 받지 못했다는 것은 최근 보호령의 마음이 떠났거나 보호령이 없는 경우로서, 삶에 임하는 자세가 좋지 못했음을 증명하는 경우도 있어요. 하지만 사고를 통해 삶의 태도를 일신할 계기가 주어지는 경우도 있지요. 이때에는 그 사건을 어떻게 활용하느냐에 따라 사고가 축복이 될 수도, 악몽이 될 수도 있지요.

스스로 사고를 내는 사람, 사고가 나도 할 수 없다는 식으로 사는 사람은 하늘이 보호해주고 싶은 사람은 아니겠죠. 하늘의 보호를 받지 못한 이들 중에 이런 생각을 가진 사람들이 다수 포함되어 있어요.

사고는 자신을 귀하게 여기지 않고 사고가 나는 것을 은근히 바라는 이들에게 잘 일어나는 것이 스케줄에 앞서는 이치라고요. 따라서 사고를 바라지 않고 생을 보람 있고 의미 있게 보내고자 하는 마음이 충만한 이들은 사고를 겪을 확률이 낮죠.



각자의 스케줄에 사고가 나야 한다고 적힌 사람은 아무도 없어요. 사고를 겪는 이는 사고로 인해 배워야 할 것이 있기에 일어나는 경우가 있죠. 또 보호령이 인도하는 방편으로 사고를 일으키는 경우도 간혹 있어요. 이런 경우 보호령의 인도임을 인식하고 감사하는 마음, 성찰하는 마음을 가진다면 배움의 계기가 마련되겠지만, 사고의 의미를 알지 못하면 원망과 한탄 속에서 퇴화하게 되겠지요. 사고의 의미를 아는 것이 중요해요.

보호령이 사고를 일으키는 경우는 우연을 가장했지만 사고 이후 사고과정을 돌이켜보면 도저히 일어날 수 없는 일들이 겹쳐 사고가 일어나는 방향으로 유도되고 있었음을 알 수 있습니다.

예를 들어 어떤 사람이 산에서 낭떠러지에 떨어져 다리를 부러뜨렸다고 해요. 그 사람은 평소 등산을 좋아하기는 하지만 매일 다니지는 않고 토요일이나 일요일에 친구들과 함께 등산로를 따라 안전하게 다녀요. 그런데 이상하게 그날은 평일이고 컴컴한 저녁인데도 불구하고 공연히 산에 가고 싶어서 친구도 없이 혼자서 등산을 시작하고, 등산로가 아니라 낯선 바윗길을 택해 가다가 낭떠러지에 떨어졌다고 칩시다. 평소 자신의 행동을 돌아보면 전혀 일어날 수 없는데 하필이면 그날 사고가 났어요. 이럴 경우 자신도 모르게 한 선택 몇 가지가 겹쳐 사고가 일어났음을 알 수 있지요. 휴일이 아닌 평일에, 낮이 아닌 저녁에, 친구도 없이 혼자서, 등산로가 아니라 바윗길을 갔으니 사고가 나는 방향으로 유도된 것이라 할 수 있지요.

이 경우는 사고로 깁스를 하고 병원에 누워 있는 동안 자신을 돌아보라는 메시지입니다. 이것을 알아차린다면 감사의 마음으로 배움의 기회를 가질 수 있으나, 그렇지 못하고 이렇게 바쁘고 사업이 어려움에 처해 있는데 누워 있다니 하면서 원망하고 안달한다면 오히려 퇴보하겠죠.

사고의 중요성을 이해해야 합니다. 사고는 인간 세상에서 일어나는 변수 중 인생을 바꾸는 힘이 강한 변수랍니다. 질병에 의해 스케줄의 이해가 심화되는 면이 있다면 사고에 의해서는 스케줄에 대한 이해를 넘어 사고를 통해 스케줄이 새로 짜는 경우가 있지요. 스케줄을 이해하고, 스케줄을 사랑하고 받아들이는 과정이 부족한 이에게 충격 요법으로 사고가 쓰이는 경우가 많아요. 따라서 사고의 의미를 아는 것이 필요하지요.

## 자식이 부모를 선택해 태어난다

부모가 자식의 삶을 부모가 원하는 모습으로 만들기 위하여 많은 노력을 기울여도 그렇게 되지 않는 경우를 자주 봅니다. 왜 그럴까요?

아까 하나의 영이 탄생하기까지의 과정에 대해 설명해 드렸지요. 먼저 자신의 스케줄을 짜고 그 다음에 부모를 고르는 과정이 있다고요. 자식이 부모의 몸을 통해 태어났다 하더라도 부모와는 별개의 생명체입니다. 자식이 자신의 진화를 위하여 부모를 선택하여 태어난 것이지요. 자신이 영적으로 진화하기 가장 좋은 조건에 따라 부모님을 고르는 것이지요. 따라서 자식을 부모가 원하는 모습으로 만들려는 노력은 바람직하지 않고, 자식이 원하는 삶을 살아갈 수 있도록 지원해주는 것이 바람직하지요.

언젠가 한 TV 프로그램에서 젊은 여배우가 나와서 이런 말을 하더군요. 나이가 어린 분이지만 '육아에 있어 벌써 저런 지혜를 터득하다니 나이를 떠나서 존경스럽다'는 생각을 한 적이 있어요. 어느 날 그 여배우의 가족끼리 한 강둔치에서 연날리기를 한 적이 있다고요. 연이 하늘에 날리게 하는 것도 어렵고, 중심을 잘 잡아서 날리는 건 더더욱 어렵다고 하지요. 그러다 한눈팔면 연이 땅에 떨어지고요. 그래서 딸과 함께 '어떻게 하면 연을 잘 날리게 할 수 있을까'를 연구했다지요. 답은 매우 간단했어요. 그냥 바람 따라 연을 놔줬다고 하네요. 나갈 만큼 나가다 연이 멈추면 잡아주고, 쉬워 보이지만

그게 생각만큼 쉽지 않다고요. 그렇게 한참 연을 날리다가 생각했다는군요. '자식 기르는 것하고 비슷하네?'

마치 연날리기 하는 것처럼 자식이 하고 싶어 하는 일을 하게 놔두다가 잘못하거나 힘들어하면 살짝 방향을 바꿔주거나 잡아준다고요. 그렇지요, 부모가 자식을 낳았다고 해서 자식을 부모의 소유물로 생각하고 자식에게 부모가 원하는 삶을 살도록 강요하는 경우가 있지요. 지나친 사교육 문제, 조기 유학으로 발생하는 문제 등 교육에 관한 우리 사회의 병폐현상이 여기에서부터 나온 것이 아닌가 생각해요.

그런데 부모가 자식에게 어떤 바람을 가지고 있다 해도 그대로 되지 않는 경우를 자주 볼 수 있지요. 가야금 명인이신 황병기 씨와 '하숙생'으로 유명한 가수 최희준 씨 아시죠? 이분들은 아마도 부모님의 바람에 의하여 모든 사람들이 동경하는 서울대 법대를 졸업했다고 들었어요. 그러나 한 분은 법률과는 관계없는 가야금연주자로서, 또 한 분은 가수로서 인생을 살아가고 있죠. 그런 것을 보면 부모가 원한다고 하여 자식이 꼭 그런 삶을 살아가지 않음을 알 수 있어요.

비록 부모의 몸을 통해 태어났지만 자식은 부모와는 관계없는 별도의 생명체입니다. 그렇기 때문에 자식은 부모의 소유물이 아닙니다. 자식이 부모의 소유물이라면 부모 마음대로 할 수 있어야 하는데 부모가 자식을 마음대로 할 수 없습니다. 부모의 의도대로 살아가지 않죠.

여러분은 어렸을 때 부모님 말씀 잘 들으셨나요? 대부분 부모님의 말씀을 잘 듣지 않죠. 자기 의사가 나름대로 있기 때문에. 여러분의 자식은 어떠한가요? 마찬가지이죠. 서너 살 된 아이조차도 부모 마음대로 하지 않고 저 하고 싶은 대로 합니다. 억지로 시키면 떼를 쓰고 울면서 저 하고 싶은 대로 하지요. 사춘기가 되면 더욱더 부모의 말을 듣지 않죠. 반항하기 시작하고 부모로부터 독립하려 하죠. 그때는 억장이 무너지는 것 같은 기분도 들지만 내가 부모님의 것이 아니고, 내 자식이 나의 것이 아님은 이 사실만으로도 간단히 알 수 있지요.

특히, 자식을 태어나게 함에 있어서는 부모가 마음대로 할 수 있는 일이 거의 없지요. 자식의 외모, 두뇌, 품성 등 그 어느 하나도 부모가 마음대로 할 수 없어요. 심지어 머리카락 하나조차 부모가 원하는 대로 할 수 없지요. 주어지는 대로, 태어나지는 대로 받아들일 뿐입니다.


이케가와 아키라가 지은 『아기는 뱃속의 일을 기억하고 있다』라는 책을 읽은 적이 있는데 그 책에서 주장하길 실제 3~5세 정도 되는 아이들에게 뱃속의 일을 물어보면 태어나기 전에 일을 얘기하는 경우도 있다고요. 아마 세상의 지식이나, 관념에서 아직 영향을 받지 않아 순수기억이 살아있는 것이 아닐까 하고 짐작되는군요.

몇 명 되지는 않지만 정자와 난자가 수정되기 전을 기억하고 있다고 한 아이도 있었습니다. 그 기억대로라면, 엄마가 아기를 원해서 임신하는 게 아니라 아기가 엄마를 선택한다는 걸 알 수 있습니다.

결혼하고 5년 동안 아이를 갖지 않고 있던 엄마의 아기, "내가 아빠하고 엄마를 골랐거든. 근데 한참 기다렸어요." – 두 살, 남자아이

동생이 태어났을 때, "하늘 위에서 둘이서 함께 엄마를 보고 있었어요. '내가 먼저 갈게' 하고 말하고 왔어요." – 두 살, 남자아이

부디 기억해주세요. 아기는 엄마와 아빠를 만나고 싶어서 태어났어요. 엄마와 아빠가 아기를 선택한 것이 아니랍니다. 아기가 두 사람을 골라서 태어난 겁니다. 〈중략〉 이 자유롭지 못한 세상에 출산이라는 힘든 고통을 경험하면서까지 엄마와 아빠를 만나기 위해 여기까지 온 아기입니다. 엄마와 아빠가 너무 좋아 그 두 사람을 선택해서 태어난 아기입니다. 부디 넘치는 사랑의 마음으로 아기를 맞아주세요.

– 『아기는 뱃속의 일을 기억하고 있다』, 이케가와 아키라 지음, 샨티, p42, p48

이 책을 읽고 있는 여러분들은 자신의 인생을 스스로 선택해서 태어났답니다. 싫든 좋든 자신의 인생을 짠 것은 자신이며, 그것을 이끌어 가야 하는 것도 자신이죠. 어떻게 보면 무한한 축복이기도 하답니다. 그것을 깨닫기까지의 시간이 오래 걸리지 않기를 바랄 뿐이지요. 또한 부모님들은 자식들이

자신을 선택해 태어났다는 것을 아시길 바라요. 님과 같은 부모님을 만나기 위해 오랜 생을 기다리고 찾고 또 찾아 님을 선택했답니다. 그러니 자식의 삶을 부모 마음대로 하려는 생각을 버려야 하겠죠. 자신이 금생에 하여야 할 일을 위하여 그 부모를 선택하여 태어난 것이므로 그 일을 잘할 수 있도록 최대한 지원해주어야 하지 않을까요.

# 결혼과 출산,
# 태    교

셋째 마당 ● 결혼과 출산,  태  교

## 결혼, 꼭 해야 할까

최근 당연시되었던 결혼과 출산이 당연하지 않을 수도 있다는 의식이 확산되면서 결혼의 얽매임에서 벗어나고자 하는 움직임이 젊은 여성을 중심으로 나타나고 있습니다. 그런 것을 볼 때 의문이 있습니다. 결혼은 해야 하는 걸까요? 아니면 하지 않아도 괜찮을까요?

최근 여성의 경제적인 자립도가 향상되면서 결혼에 대한 새로운 풍조가 나타나고 있어요. 결혼은 개인적인 관점으로 보면 자신의 영적인 성숙을 위한 선택 사항이지만, 사회적인 관점으로 보면 결혼으로 인한 출산은 사회 유지를 위한 중요한 선택이지요. 그러나 결혼하느냐, 결혼하지 않고 독신으로 사느냐는 전적으로 개인의 선택사항이지요.

결혼結婚이란 남녀가 정식으로 부부 관계를 맺는 것을 말하죠. 결혼을 통해 가정을 이루고, 출산을 통해 새 생명을 탄생시켜 종족을 보존시켜 나가는 제도로서 수천 년을 이어왔어요. 따라서 성년이 되면 결혼을 하고 출산하는 것을 오랜 세월 동안 당연하게 여기고 매우 중시하여 왔어요. 또한 결혼은 남성과 여성, 양과 음이라는 서로 대립되는 속성을 가진 존재끼리 하나가 됨으로써 짝을 이루어 살고자 하는 본능적 욕구와 성적 욕구를 합법적으로 해결하는 수단이기도 하지요.

결혼을 통한 만남, 그리고 새로운 생명의 출산은 인간의 삶에 있어 가장 중요한 변수 중의 하나입니다. 특히 새로운 생명을 탄생시키는 출산은 인간이 할 수 있는 가장 숭고하고 아름다운 창조 작업이라 할 수 있어요. 이를 통해 인간은 생명의 경이로움을 체험하며, 자식을 낳아 기르는 과정에서 모성母性과 부성父性이라는 위대한 사랑을 체험할 수 있으니까요.

또한 인간은 결혼과 출산을 통해 주고받는 것을 배우지요. 스스로 자신을 책임질 수 없는 어린 나이에는 부모에게서 모든 것을 받지만, 성장하여 결혼하고 출산을 하면 예전에 자신이 부모로부터 받았듯이 자식에게 모든 것을 전해주지요. 인간은 이 과정을 통해 주고받는 법을 배우고, 사랑을 배우며, 인생의 기초적인 것들을 배웁니다. 이것이 인간을 생물학적으로 유지시키고, 정신적인 가치 및 문화를 유지 발전시키는 기본 패턴이지요. 이는 현 시대에도 여전히 유효하므로 결혼과 출산의 중요성은 변하지 않았죠.

배우자를 대할 때는 내 마음 같지 않아 화가 날 때가 있어요. 기대를 했다가 실망을 하기도 하고요. 배우자는 어떤 마음으로 바라보아야 하나요?

부부의 인연으로 만난 것은 서로의 공부를 위해서이거나 역할 상 필요에 의해서인 경우가 대부분이라고 해요. 부부는 자신의 부족한 면을 채우고 외로움을 달래기 위하여 만난 것이 아니라 자신의 부족한 부분이나 넘치는 부분을 보완하기 위해 만난 사이입니다. 따라서 알콩달콩 살고자 하는 욕심을 비우고, 어떻게 하면 서로의 진화에 도움이 될 것인가를 생각하여야 하지요. 그러나 어떤 경우에도 사랑이 그 기본 바탕이 되어야 함은 당연하고요.

인간이 영적, 기氣적, 물질적으로 성숙하지 못하였을 때는 상대 성性의 필요성이 커서 결혼이라는 제도가 오랜 기간 이어져 내려올 수 있었지요. 그러나 최근 영적, 기적인 진화의 단계가 올라가고, 여성의 경제적인 자립도가 향상되면서 결혼의 필요성이 감소하고 있어요.

결혼은 개인적인 관점으로 보면 자신의 진화를 위한 선택 사항이지만, 사회적인 관점으로 보면 결혼으로 인한 출산은 미래세대의 사회 구성원 유지를 위하여 반드시 필요한 선택이지요. 최근 결혼을 기피하는 것에 대한 우려의 목소리가 큽니다. 그러나 사회 유지를 위해 필요하다 하여 개인의 선택을 제한하는 것은 바람직하지 못하죠.

결혼하느냐, 결혼하지 않고 독신으로 사느냐는 전적으로 선택사항이지요. 종교 중에서 가톨릭에서는 신부와 수녀에게 독신을 요구하고, 불교에서도 대부분의 종파에서 스님에게 독신을 요구하지요. 반면 개신교에서는 독신을 요구하지 않지요.

개인에게도 마찬가지입니다. 결혼해도 되고, 독신으로 살아도 되는 것이죠. 다만 결혼과 독신 사이에는 차이는 있어요. 결혼을 하면 배우자, 자식, 가족과의 관계 등으로 인하여 짐이 무겁지요. 길을 갈 때 짐을 잔뜩 들고 먹을 것 싸들고 가는 것과 같지요. 그렇지만 오랜 세월 동안 많은 사람들이 해왔던 방법이기 때문에 발걸음은 가볍지요.

반면, 결혼을 안 하고 독신으로 살면 짐은 없어요. 자기 몸 하나 간수하면 되기 때문에 홀가분해요. 길을 갈 때 짐 없이 생수나 한 병 달랑 들고 가는 것과 같지요. 그렇지만 발걸음이 무겁고 여러 가지 어려움에 부딪히지요. 그 이유는 남들이 가지 않는 길을 가기 때문이지요. 결혼하는 것이 포장이 잘된 아스팔트길을 가는 것이라면, 독신으로 사는 것은 남들이 가지 않는 꼬불꼬불한 오솔길을 헤쳐나가는 것과 같아요.

결혼문제는 이렇게 하고 싶으면 이렇게 하고, 저렇게 하고 싶으면 저렇게 할 수 있어요. 짐을 지고 싶지 않으면 혼자 가면 되고, 무거운 짐을 져도 배우자와 함께 기쁨과 슬픔을 함께 나누겠다고 하면 그렇게 하면 돼요. 결혼문제에 대하여 부모가 자식이 원하지 않는 결혼을 강요하는 경우가 간혹 있는데 바람직하다고 볼 수 없지요.

자식을 기르다 보면 감정분리가 안 되어 힘들 때가 있어요. 내 배 아파 낳은 자식인데 뜻대로 안 되어 속상할 때도 있고요. 자식은 어떻게 교육시키는 게 바람직할까요?

자녀가 부모의 유전자를 물려받아 태어났다 하더라도 부모의 소유물이 아니에요. 새로운 생명의 잉태나 출산은 전적으로 하늘의 몫이지요. 인간은 자연의 이치에 따라 진정한 부모인 하늘 대신 생산하고 양육하는 보모의 역할을 맡을 뿐이지요. 따라서 부모의 허락 없이 보모가 아이를 마음대로 키우지 않듯 아이에게 바라시는 하늘의 뜻과 의도를 항시 살펴 아이를 기르는 게 좋겠지요.

자녀는 부모의 분신이 아니라고 앞 장에서 말씀드렸죠. 아이는 부모와는 별개의 영체이기 때문에 부모가 자녀를 양육하는 태도는 자녀가 부모의 소유나 부모의 일부라는 생각을 버리고, 독립된 인격체로 성장할 수 있도록 후원하고 받쳐주는 역할을 하는 것이 좋겠지요.

각자 인간마다 가지고 온 스케줄이 다르고, 이 세상에서 배워야 할 것도 다르답니다. 그래서 부모 마음대로 세상적인 가치관에 의하여 자녀의 진로를 결정하고 자녀의 인생을 좌지우지하는 것은 아이에게 오히려 좋지 않지요. 아이가 본래 가지고 온 길이 있거든요. 따라서 자녀를 보호하고 사랑하되 진정 자녀가 원하는 일을 할 수 있도록 후원하고 배려해주는 멘토와 같은 역할을 하는 게 바람직하겠죠.

# 만혼, 결혼 기피와 출산 기피

한국을 포함한 경제가 발전한 국가에서 만혼, 결혼과 출산 기피 현상이 나타나는 이유는 무엇인지요?

시대의 변화에 따라 여성들이 그동안 자신들을 얽매고 있던 결혼과 출산이라는 굴레에서 벗어나, 결혼과 출산을 자신들의 선택에 의하여 주도적으로 결정하고자 하는 움직임이라고 볼 수 있지요.

경제적으로 발전된 국가에서 흔히 보이는 만혼, 결혼과 출산 기피는 어떻게 보면 인간 제도의 근간을 이루는 결혼, 출산에 대한 인식의 변화가 나타나 기존 인식의 틀을 깨는 과정이라 할 수 있어요. 결혼과 출산은 안정적인 사회 유지와 종족 번식이라는 긍정적인 역할을 하였지만 인간을 가정과 자녀라는 굴레에 얽매이게 함으로써 부모에게, 특히 여성에게 무한한 희생을 치르게 한 것 또한 사실이니까요.

경제가 발전하고 사회가 급격하게 변화함으로써 가족제도가 과거의 대가족 제도에서 부부 중심의 핵가족제도로 바뀌고, 여성의 사회적인 지위도 급격하게 향상되었어요. 대가족제도에서는 삶의 질보다 생존, 나 자신보다 가족을 먼저 생각하는 문화지요. 또 핵가족제도에서는 생존에 대한 걱정에서 벗어나 내가 누구이며, 무엇을 좋아하며, 행복이 무엇인지에 대하여 고민하는 등 자신의 삶의 질이 가장 우선시되고 있지요.

또한 경제의 발전으로 물질 만능주의가 팽배해지고, 모든 활동이 물질을 중심으로 이루어짐으로써 사회를 형성하고 유지하는 결혼, 출산과 같은 기본적인 일조차 물질의 지배를 받게 되어 경제적인 뒷받침이 부족한 경우 결혼과 출산을 주저하게 되었어요. 이에 따라 여성의 만혼, 결혼과 출산 기피가 자연스럽게 나타나고 있지요.

반면 후진국에서는 조혼과 다산의 풍조가 있지요. 조혼과 다산의 풍습은 현재 이슬람 국가나 아프리카 일부 지역에서 행해지고 있으나 점차 줄어들고 있는 추세긴 하더군요. 후진국에서는 인간 삶의 중심이 자기 계발이나 자아실현과 같은 정신적인 가치추구보다 의식주를 해결하는 것과 같은 기본적인 생리 욕구가 생활의 대부분을 차지하게 되어, 먹고 자고 자녀를 생산하는 삶에 안주하게 됨으로써 조혼과 다산의 풍조가 나타나게 된 것이라 할 수 있지요.

조혼과 다산은 과거 시대의 코드라 할 수 있어요. 조혼과 다산 풍조가 있는 지역에는 기아나 질병 등으로 인하여 영아 사망률이 높기 때문에 다산으로 인한 인구증가는 염려할 만한 수준은 아닙니다. 의식이 성장하면서 점차 조혼과 다산현상은 자연스럽게 해소될 거라 생각해요.

한쪽에서는 다산과 조혼으로, 또 다른 한쪽에서는 출산율 저하와 결혼 기피 현상으로 골머리를 앓고 있지요. 이와 같이 극과 극이 공존하는 상황을 각각의 나라 문제로 본다면 문제가 심각하다고 할 수 있지만 지구 전체 차원으로 본다면 우려할 만한 수준은 아니라고요.

따라서 한국을 포함한 경제가 발전된 국가의 만혼, 결혼과 출산 기피 현상도 그렇게 심각하다고는 볼 수는 없지요. 후손을 남기고자 하는 욕망은 인간의 본능이므로 그 본능이 사라지지 않는 한 시간이 경과하면 자연스럽게 결혼과 출산이 증가하는 현상으로 나타나 저절로 문제가 해결될 것으로 보여요.

## 출산은 인간이 할 수 있는 최고의 창조

아이를 가지기 위해서 몸과 마음가짐을 어떻게 준비해야 좋을까요?

아이를 생산하는 일은 인간이 할 수 있는 최고의 창조이며, 이 세상 그 어떤 일보다 중요하다고 할 수 있지요. 따라서 아이를 만들어내는 의식은 경건해야 하죠.

요사이는 부부가 한 방에 거주하는 것을 당연하게 생각하지만 우리 선조들은 그렇지 않았죠. 함께 살게 된 것은 얼마 전의 일입니다. 우리 조상들이 살던 전통가옥은 안채와 바깥채가 구별되어 있지요. 사대부 가정일수록 그 선을 철저하게 지켰지요. 부인은 안채에서, 남편은 바깥채에서 거주하는 구조로 되어 있지요.

그것이 무엇을 의미하는가 하면 따로 살게 되면 부부가 매일 잠자리를 같이하지 않죠. 평소에는 별도로 거주하다 특별한 경우에만 합궁合宮을 하였지요. 합궁이 예정된 날은 부부가 몹시 설레어 목욕재계하고 마음을 정갈하게 하였을 것입니다.

합궁을 하는 절차도 자연의 원리가 숨어 있습니다.

밤이 깊은 어느 날 집안의 아이들과 가족들이 잠이 들었어요. 오늘은 남편과 아내가 오랜만에 동침하는 날이지요. 그런 탓에 하루 종일 두 사람은 평소보다 몸가짐, 마음가짐을 정갈하게 하기 위해 애를 썼죠. 마침내 만났을 때 서로 좋은 상태에 있어야 하니까요. 남편은 부인의 방으로 가기 위해 옷을 차려입습니다. 설레는 마음을 다잡고 밖을 나섭니다.

이때 남편이 바깥채에서 안채로 건너가려 옷매무새를 가다듬는데, 계절로 치면 봄철과 같이 온몸에 훈훈한 기운이 감돌게 되죠. 방문을 열고 마당을 걸어가는 것은 계절로 치면 봄이 깊어갈 때에 비유할 수 있고요, 안채 디딤돌에 신발을 벗고 마루로 올라가서 안방 문을 열 때까지가 과정은 여름의 문턱에 들어서는 거라고 볼 수 있지요. 또 마침내 안방에서 남자와 여자가 합궁하는 과정은 한여름을 거쳐 오곡이 무르익는 가을철이라 볼 수 있고요. 남편이 다시 자신의 거주지인 바깥채로 되돌아올 때는 계절상 겨울이라고 볼 수 있지요.

조상님들의 생활은 격과 절도가 있었답니다. 그렇기에 수태가 함부로 이루어지기는 어려웠겠죠? 현대에는 그렇지 못한 경우가 많아 아쉬움이 크죠.

아이를 생산하는 일은 이 세상에 태어나서 인간으로서 할 수 있는 최고의 창조입니다. 이 세상 그 어떤 일보다 중요하다고 할 수 있어요. 인간을 만드는 일이잖아요. 그러므로 아이를 만들어내는 의식은 경건해야 합니다. 생각해보세요, 오랫동안 부부가 목욕재계하고 하늘에 정성을 들여오다 부인의 배란기에 맞추어 사랑을 나누어 수태된 아이와 일시적인 쾌락을 위하여 술 취한 상태에서 관계하여 태어난 아이 사이에는 분명 큰 차이가 있지 않을까요?

예술가가 작품을 만들 때는 온통 거기에 마음 쓰고 정성을 들이지요. 하물며 예술작품 하나 만들 때도 그렇게 심혈을 기울이는데 인간을 만드는 일에는 너무 소홀합니다. 안타까운 현실이지요. 임신에서 출생까지 부모의 몸가짐, 마음가짐 등 모든 것을 가려 해야 해요. 그렇게 부모의 축복 속에서 탄생시킨 아이는 인생이 순탄할 수밖에 없어요. 반면, 만들 때부터 정성스럽지 않고, 임신 중에 티격태격 불화하면 스케줄에 차질이 와서 태어나서부터 반발하고 부모 속을 썩입니다.

임신 후 직장일 등으로 인하여 태교를 제대로 못 한다고 걱정하는 엄마들이 있습니다. 별도의 시간을 내어 태교하는 것이 물론 좋겠지만 그런 여건이 되지 못하는 경우에는 편안한 마음으로 맡은 일에 열중하는 것도 좋은 태교가 될 수 있어요. 태아에게 가장 큰 영향을 주는 것은 무엇보다 엄마의 태아에 대한 태도라고 합니다. 원하지 않는 관계에 의하여 임신되거나, 일이 너무 힘들어 임신 사실을 원망하는 경우에는 태아에게 성장장애, 성격장애 등이 나타난다고 하더군요.

다음은 어느 스님으로부터 들은 이야기입니다.

부모는 모두 그림을 전공한 대학교수로서 자식으론 아들이 둘인데, 첫째는 공부도 잘하고 모범생이지만 둘째는 형과는 딴판으로 행동이 완전히 엉망 이라고 하더군요. 두 사람이 화가여서 집에서 화폭을 펼쳐 놓고 그림 그리 는 작업을 자주 하는데, 작은 아이는 그림 그리는 것만 보면 화폭을 걷어차 고 물감을 아무렇게나 칠하여 엉망을 만들어 놓는다고 해요. 부모에게 얻 어맞기도 여러 차례 하였지만 영 고쳐지지가 않아서 가깝게 지내는 스님에 게 이유를 물어봤다고요.

스님은 그 아이 잉태할 때를 생각해보라고 권했죠. 그러자 어머니가 아이 잉태할 때를 돌이켜보았어요. 당시 아이의 어머니는 외국 유학에서 돌아와 화단에 새로운 사조를 공부한 것으로 이름이 알려져 큰 건물에 걸 대작 벽 화를 주문받아 그리게 되었어요. 그때 둘째를 임신하고 있었는데 임신한 몸 으로 사다리를 오르내리면서 벽화를 그리려니 아무리 그림을 좋아하지만 너무 힘이 드는 것이었어요.

그래서 '아이고 내 팔자야, 왜 그림을 전공해서 이 고생을 하나!' 하면서 그 림 그리는 것을 무지하게 혐오했던 기억이 났다고 하더군요. 그때 비로소 둘 째 아이의 행동이 이해가 되는 거예요. 어머니의 생각이 아이에게 그대로 옮겨져 아이의 성격을 형성해버린 것이지요.

출산과 태교에 대하여 어떤 마음으로 임해야 할 것인지를 잘 보여주는 이야 기이지요. 이것을 마음에 새기고 아이를 가지고 태교에 임한다면 굳이 별다른 태교를 하지 않아도 생활 자체가 태교가 될 수 있을 거예요.

## 난자와 정자의 만남

난자와 정자는 어떻게 만들어지며, 어떤 과정을 거쳐 난자와 정자의 만남이 이루어져 임신이 될까요?

여성은 세상에 태어날 때 이미 난소에 200만 개의 난모세포를 지니고 태어난다고 해요. 이 모세포가 사춘기가 되면 성숙한 난자로 변하고, 난소에서 이를 배출하기 시작하면 임신이 가능해지지요. 일생 동안 성숙한 난자 400개 정도가 배란되며, 난자의 크기는 0.5mm 정도로서 인체를 구성하는 세포 중 가장 큰 축에 속하기 때문에 맨눈으로 볼 수도 있어요. 난소를 박차고 나온 난자는 정자를 배웅하러 나팔관으로 이동하죠. 정자를 만날 장소에 도달한 난자는 12~24시간 동안 정자를 기다리지만 정자를 만나지 못하면 죽어버립니다. 이 현상이 월경으로 나타나지요.

여성이 난자를 가지고 태어나는 반면 남성은 사춘기가 되어서야 비로소 고환에서 정자를 만들기 시작하여 노인이 될 때까지 생산해요. 1개의 정모세포精母細胞로부터 감수분열에 의하여 태어난 4개의 정세포精細胞가 복잡한 구조변화를 거쳐 정자精子로 변하는데, 그 기간이 3개월 정도 걸린다고 합니다.

정자의 크기는 약 60㎛로서 크기가 너무 작아 육안으로는 보이지 않지만 올챙이 모양을 닮은 꼬리를 흔들면서 난자를 만나러 갑니다. 이때 정액은 정자에게 영양을 공급해주고 이동을 쉽게 해주며, 정액과 함께 여성의 몸에 들어간 정자는 3~4일 동안 살 수 있어요. 한 명의 남성이 일생 동안 생산하는 정자의 수는 5,000억 마리 정도로 알려져 있지요. 한 사람의 몸에서 지구 인구 70억 명의 70배 정도의 정자가 만들어지는 셈이지요.

수정受精이 이루어지려면 정자가 난자를 찾아 긴 여행을 해야 하지요. 정자는 1회 사정에서 수천만~3억 마리가 나오지만 이 가운데 난관까지 도달하는 것은 100마리 미만이고, 그중 단 한 마리만 수정이 이루어집니다. 대단한 경쟁을 뚫고 정자와 난자의 만남이 이뤄지는 것이지요.

수정은 자궁 안이 아니라 나팔관 중앙에서 일어나죠. 일단 정자가 난자 속에 들어가면 정자의 꼬리가 없어지고 정자의 머리가 커져서 남성 생식핵이 되고 난자는 여성 생식핵이 됩니다. 남성 생식핵과 여성 생식핵의 염색체가 서로 뒤섞이면서 각 염색체에서 나온 정보와 형질이 혼합되지요.

이 염색체 정보들이 각 개인의 독특한 유전 형질을 형성하게 됩니다. 수정란이 만들어지면 수정란은 280일 동안 살아야 할 보금자리를 찾아 서서히 이동하는데 이 보금자리가 바로 자궁입니다. 자궁에서 수정란은 영양분을 공급받아 성장하며, 자궁내막에 안착하기까지 세포분열을 하면서 급속도로 성장하지요. 수정이 일어나고 약 일주일이 지나면 자궁에 안착하는데 이것을 착상이라고 해요.

착상이 이뤄지면 임신이 시작된 것이죠. 수정란이 착상했을 당시 크기가 0.25mm인데 이것이 인간의 형상을 갖추기 위해서는 많은 영양분이 필요해요. 마치 스펀지가 물을 빨아들이듯 모체에서 영양분을 빨아들여 신체 기관들을 만들고 만들어진 신체의 각 부분들을 발육시킵니다. 그러니 임산부는 뭐니 뭐니 해도 잘 먹어야 합니다.

# 철저하게 제한을 받는 우연

난자와 정자가 만나는 것이 완전히 우연에 따른 것인지, 아니면 일정한 법칙의 지배를 받는지요? 완전히 우연에 따른다면 부모와는 전혀 다른 형질의 자식이 태어날 수 있을 것 같은데 현실적으로 부모와 조금 다른 경우는 있어도 전혀 엉뚱한 경우는 없는 것 같습니다. 그 이유는 무엇인지요?

난자와 정자의 만남이 우연에 의하여 이루어지는 것은 사실이지만, 그 우연은 필연적인 요인에 의하여 철저하게 제한받는 우연이지요.

생명체가 번식하는 방법에는 무성생식無性生殖과 유성생식有性生殖이 있어요. 무성생식은 암수 개체가 필요 없이 한 개체가 단독으로 새로운 개체가 되는 방법입니다. 유성생식은 주로 암수라고 하는 두 가지 성별의 생식세포를 만들고 그 생식세포가 다시 결합하여 다음 세대에 자손을 남기는 방법이지요.

무성생식은 단세포 생물이 스스로 분열해서 자신과 동일한 세포를 형성하는 것과 같이 유전적으로 동일한 개체, 즉 클론(clone)을 만들어 내죠. 따라서 반드시 짝이 있어야 하는 유성생식에 비해서 빠르고 효율적으로 자신의 유전자를 퍼트릴 수 있다는 장점이 있지요. 그러나 무성생식은 번식 능력은 좋지만, 이들이 동일한 형질을 가지고 있기 때문에 환경이 크게 변화하면 전 집단이 전멸해버릴 수 있는 우려가 존재합니다.

최근 바나나 전염병인 파나마병이 확산되면서 바나나 멸종설이 퍼지고 있어 충격을 주고 있어요. 바나나 전염병 발생 이유가 대량 생산을 위한 번식 방법 때문인 것으로 전해지고 있어요. 바나나를 대량생산할 목적으로 무성생식의 일종인 우수한 품질을 갖춘 나무에서 씨 없이 뿌리나 줄기로 접을 붙여 번식하는 방식으로 바나나를 생산하고 있어요. 이 과정에서 종의 단일화가 이루어져 전염병에 극히 취약한 구조가 된 것이죠. 현재까지 이 병을 치료할 수 있는 해결책이 없는 상황이어서 이대로라면 바나나가 지구상에서 사라질 가능성도 있다고 하니 걱정입니다. 전문가들은 인간의 과도한 욕심이 바나나의 멸종을 초래하고 있다고 꼬집고 있지요.

유성생식은 무성생식에 비해서 번잡한 과정을 필요로 하며, 또 적절한 짝이 없으면 생식할 수 없다는 큰 단점을 가지고 있어요. 그러나 유성생식은 유전자가 뒤섞임으로써 유전적 다양성을 확보할 수 있기 때문에 환경 변화에 수월하게 적응할 수 있다는 장점을 가지고 있어요.

인간은 유성생식에 의하여 어머니의 난자와 아버지의 정자가 지닌 유전정보가 조합되어 태어나지요. 이때 어머니나 아버지의 유전정보를 그대로 닮은 아이가 태어나는 것은 아니지요. 만약 부모와 쏙 빼닮은 유전정보를 가진 아이가 태어난다면 유전정보가 조합되어 태어나는 경우보다 다양성이 제한되겠죠. 우주의 존재 목적은 진화, 발전에 있다고 했지요. 보다 발전하기 위해서는 다양한 개체가 태어나 부모보다 나은 형질을 발전시켜나갈 필요가 있거든요.

그것뿐만이 아니라 몸 안에서 만들어진 난자나 정자는 그 어느 것 하나도 유전자 구성이 동일한 것은 없지요. 그것은 체세포에서 난자나 정자가 만들어질 때, '유전적 변형'이라 불리는 현상이 일어나서, 어머니와 아버지로부터 이어받는 염색체 사이에서 규칙을 알 수 없는 어떤 변형이 일어나기 때문이지요. 바꾸어 말하면, 어떤 유전 정보를 가진 난자와 어떤 유전정보를 가진 정자가 수정할 것인가는, 예측할 수 없는 우연에 지배된다고 하지요.

유전자 변형이 일어난다고 하더라도 무작위로 변형이 일어나는 것은 아니라 부모가 가진 유전정보의 범위 내에서 이루어져요. 따라서 신체의 구성, 즉 눈이 귀의 역할을 하거나, 눈이 얼굴에 있지 않고 손에 위치하는 것과 같이 인간의 근본을 흔드는 변형은 있을 수 없어요. 또한 변형의 범위는 부모가 가진 유전정보의 범위 이내이므로 황인종 부모 사이에 태어난 아이가 얼굴이 희고 약간 어두운 차이는 있을 수 있으나 부모가 가지지 아니한 흑인의 피부를 가질 수는 없지요. 수정이 우연에 의하여 이루어지는 것은 사실이나 그 우연은 필연적인 요인에 의하여 철저하게 제한을 받는 우연이라 할 수 있어요.

인간으로 태어나려면 인간이 될 수 있는 열 가지 요소를 구비해야 합니다.

● 참고 :『클론 인간, 생명과학에 대들다』, 아오노 유리 지음, 임경택 옮김, 소와당

조물주가 인간을 만들 때 인간이 되려면 적어도 이런 점들은 구비해야만 동물과 대비되는 인간이 될 수 있다고 해서 어떤 요소를 부여합니다. 그것을 '정신혼백심의지사려지精神魂魄心意志思慮智'라고 하지요. 무슨 말인가 하면 정신精神은 인간의 생명生命, 혼백魂魄은 인간의 생리본능, 심心은 인간의 사유思惟, 의지사려지意志思慮智는 인간의 고차원의 정신활동을 말해요.

따라서 인간으로 태어남은 우연적인 요소가 있지만 10가지 요소에 의하여 이것이 철저하게 제한을 받습니다.

# 인간은 어떻게 만들어지는가



**태아와 영혼의 관계는 어떠한지요?**

영혼은 태아가 어머니 뱃속에 있을 때는 연결된 상태로 바깥에서 대기하다 체외로 나오는 순간 체내로 들어갑니다. 체내에 있을 때는 배정만 되어 있고 실제로 들어간 상태가 아니므로 확정적인 것은 아니지요. 시각별로 각자의 인연에 따라 예비서열 명부가 정해져 있으며, 낙태와 같이 한번 차질이 생기면 뒤로 밀리는 것이 아니라 그 영혼만 뒤로 돌려져 동시각대의 인연을 기다리게 돼요.

초음파 등으로 체내의 성별 여부를 확인하는 것도 죄가 될 수 있어요. 왜냐하면 그걸 가려서 사전에 어떤 조처를 취한다면 그 자체가 하늘의 스케줄을 어긋나게 하는 것으로 큰 업이 되니까요. 그러나 아직 영혼이 들어가기 전의 상태이므로 체외로 배출된 후 제거하는 것에 비해서는 죄가 있긴 하지만 상대적으로 적지요.

**생명이 시작되는 시기를 언제로 보아야 할까요?**

생명의 시기는 체외로 배출된 때로 보아야 합니다. 체내에 있는 기간은 생명의 준비기간으로서 사실상 생명이 아닌 것은 아니되 확정된 생명과는 차이가 있어요. 태아는 영혼이 없는 상태로 모체에 종속되어 있기 때문에 독립된 인간과는 차이가 있지요. 영혼은 독자적인 활동이나 의사표시가 가능할 때 체내로 들어갑니다. 그러나 태아와 영은 비록 떨어져 있다 하더라도 서로 영향을 주고받지요.

『사는 보람의 창조』라는 책에서 영혼과 태아와의 관계를 말하는 부분이 있더군요. 한 사람의 퇴행 최면을 통해 태어나기 전의 이야기를 한 경우인데 영혼은 하늘에서 엄마가 될 사람이 하는 일을 지켜보고 있는 장면입니다. 호이튼 박사가 퇴행 최면을 행하면서 '태어나기 전으로 되돌아가 주세요'라고 한 지시에 대하여 폴라가 다음과 같이 말하기 시작했습니다.

"나는 하늘 위에 있습니다. 농장의 집이나 헛간이 보이고 아침 일찍 태양이 겨우 올라오기 시작합니다."

폴라가 '하늘 위'에 있을 리가 없었습니다. 당황한 호이튼 박사는 어찌할 바를 몰라 또 물어봤습니다.

"당신은 하늘 위에서 도대체 무엇을 하고 있습니까?"

"나는 태어나기를 기다리고 있습니다. 어머니가 하는 일을 보고 있습니다."

"어머니는 어디에 있습니까?"

"어머니는 펌프가 있는 곳에, 양동이에 물을 붓고 있습니다. 대단히 힘든 것 같아요."

"왜 힘듭니까?"

"나의 몸무게 때문에, 배를 조심하라고 어머니에게 말해 주고 싶어. 어머니를 위해서나 나를 위해서라도.”

“당신의 이름은?”

“이름은 아직 없어요.”

– 『사는 보람의 창조』, 이이다 후미히코 지음, 자유문학사, p140

태어나기 전의 영혼은 대기상태로 있으면서 의식적으로 태아와 교감을 한다고 하죠. 물질적 차원에서는 일어날 수 없는 일이라 생각되어도 실은 보이지 않는 세계는 99%, 보이는 세계는 1%라고 하지요. 위의 예는 그런 경우를 보여주는 일부이지만 영혼과 태아의 관계에 대해 잘 보여주고 있어 소개했습니다.

# 가장 빠른 정자가 난자를 만날까

여성의 체내에서 수정은 어떻게 이루어질까요? 달리기 시합을 하듯 난자에 가장 먼저 도달하는 정자가 난자와 수정이 될까요?

정자가 난자에 가장 먼저 도달한다고 하여 반드시 수정이 이루어지는 것 같지는 않아요. 만약 난자에 가장 먼저 도달한 정자와 수정이 이루어진다면 결혼한 부부의 경우 쉽게 임신이 이루어져야 할 것입니다. 그러나 남녀가 모두 건강한 상태임에도 불구하고 수년 동안 임신이 되지 않아 애태우는 경우를 자주 볼 수 있지요.

왜냐하면, 우연히 태어나는 존재는 하나도 없기 때문이지요. 하늘에서 태어나려는 영에 대한 스케줄이 작성되고, 스케줄에 따른 삶을 살 수 있는 조건을 갖춘 부모가 선택되면, 태어날 스케줄에 맞추어 정자와 난자가 만나 수정이 이루어지지요.

난자 하나와 수많은 정자 가운데 하나가 수정되는 것이 우연처럼 보일 수 있으나, 그것은 철저한 계획에 따라 이루어지는 것이지요. 따라서 난자에 빨리 도달한 정자라고 하더라도 스케줄에 맞지 않는 조건을 가졌다면 수정이 이루어질 수 없는 것이 당연한 일이에요.

정자 하나, 난자 하나가 비록 작지만 인간이 될 수 있는 모든 조건을 갖추고 있을 정도로 정교한 존재로서 정자와 난자에 부여된 조건에 합치하지 않으면 수정이 이루어지지 않는 것이지요. 마치 자물쇠가 하나 있는데 수많은 열쇠가 있는 경우 자물쇠와 맞지 않는 열쇠로는 열 수 없고, 자물쇠에 꼭 맞는 열쇠가 필요한 것과 같습니다. 자물쇠는 난자이고, 열쇠는 정자라고 볼 수 있어요. 난자와 정자의 조건은 신들이 부여하는데, 그 어떤 정자와 난자도 동일한 조건을 가진 경우는 없다고 합니다. 무엇이 달라도 다르죠.

수정될 수 있는 조건을 신들이 부여한다면 수정할 수 있는 조건을 갖춘 소수의 정자만 있으면 되지, 한 번 사정 시마다 수천만에서 3억 마리의 정자가 필요한가에 대한 의문이 있을 수 있어요.

이것은 자물쇠와 열쇠에 비유해볼 수 있답니다. 자물쇠 하나에 수많은 열쇠가 있다고 쳐요. 자물쇠를 열 수 있는 것이 열쇠 하나만이 아닐 수도 있겠지요? 열쇠의 수가 많다면 열 수 있는 조건을 가진 열쇠가 여럿일 수 있어요. 자물쇠가 열리는 것은 잠긴 부분을 풀 수 있으면 되기 때문이지요. 따라서 열쇠의 모양이 같지 않더라도 그런 기능을 가진 열쇠는 있을 수 있어요. 열쇠가 없는 경우 열쇠 전문가가 쇠꼬챙이로 자물쇠를 여는 것을 생각하면 쉬울 거예요. 정자의 수가 많은 것은 수많은 정자를 경쟁시켜 그 가운데 조건에 맞는 가장 건강한 정자가 수정이 이루어지게 하기 위함이지요.

이교원 교수의 『생애 첫 1시간이 인간의 모든 것을 결정한다』는 책에 수정이 이루어지는 원리에 대하여 잘 설명되어 있는데 저의 생각과 일치하는 부분 이어서 그대로 옮겨볼게요.

여성의 체내에서 수정은 어떻게 이루어질까? 꼬리 힘이 센 정자, 즉 100m 달리기 시합을 하듯 난자에게 가장 먼저 도달하는 정자가 난자와 결합한다는 속설도 있다. 그러면 정자와 난자는 서로 다른 극의 자석과 같이 만나기만 하면 자동적으로 결합하는가? 그렇다면 얼마나 좋겠는가. 고민할 것이 전혀 없다. 엄마와 아빠가 계획한 대로 아기가 척척 생길 테니 말이다.

그런데 실상은 그렇지 않다. 이상하다. 수억 마리 중 선택된 단 하나의 정자와 매달 모태에서 배란되는 하나의 난자가 만나는 과정이 계속 반복되지만, 왜 100% 수정이 이루어지지 않을까? 어떤 경우에는 수정이 되고, 또 어떤 때는 되지 않는다. 왜 그럴까? 그리고 그 이유는 뭘까? 궁금하기 그지없다.

여기서 잠깐 당신이 당신의 짝을 만난 과정을 떠올려보자. 지구상의 수많은 사람 중 오직 그 한 사람, 그 사람을 어떻게 만나고 사랑하게 되었을까? 우리는 서슴지 않고 '서로 잘 맞는다, 서로 통한다'라고 이야기한다. 이런 개념이 인체에도 있으니 이를 '공명'이라 한다.

우리가 앞서 '공명해야 살아남을 수 있다'고 했던 것이 이제 여기 등장한다. 공명? 초등학교 과학시간에 들어본 적 있는 단어인 듯도 하다. 글자 그대로 '함께

운다', '함께 울린다'라는 뜻인데, 어떤 것들끼리 서로 잘 맞고 잘 통해 함께 반응한다는 의미다.

원래 공명은 물리학이나 음향학 분야의 한 이론인데, 보통 공명을 설명할 때는 소리굽쇠를 예로 든다. 2개의 소리굽쇠가 있다고 가정하자. 만약 이 소리굽쇠들 주파수가 서로 같거나 2배의 차이가 나는 주파수라면 공명한다는 것이다. 예를 들어, 하나의 소리굽쇠가 200Hz(1분에 200회 진동)이고 다른 하나가 200Hz 이거나 400Hz, 800Hz 등이라면, 하나의 소리굽쇠를 울렸을 때 떨어져 있는 다른 소리굽쇠도 자동적으로 소리를 낸다. 이것이 공명이다. 〈중략〉

생명체의 수정에는 숨어 있는 근본 원리가 있다. 정자와 난자의 수정은 서로 주파수가 맞는, 다시 말하면 서로 공명하는 개체끼리 결합하는 고도의 세밀하고 정교한 작업이다. 정자가 빨라서도, 난자가 소극적이어서도 아니다. 가장 빨리 도달한 정자라 할지라도 자신과 공명하지 않는 난자라면 주위에서 배회한다. 물론 난자 역시 자신과 맞지 않는 정자에게는 문을 열지 않는다. 난자와 정자 모두 수정에 사활을 건다. 이는 생명의 자기 본능이다. 본능적으로 자신과 맞는 주파수를 찾아 열심히 달리고, 또 열심히 막는다. 이런 모습은 수정이 '정자의 일방적인 빨리 달리기 경주'라는 속설과는 전혀 다른 것이다.

    — 『생애 첫 1시간이 인간의 모든 것을 결정한다』, 이교원 지음, 센추리원, p182~185

## 아빠의 동참이 필요한 태교

태교가 태아에게 좋은 영향을 준다고 하는데 왜 그런가요? 또 태교는 어느 시점부터 시작하는 게 좋을까요?

잉태가 되면 엄마와 아빠의 염색체를 받아 분열을 통해 몸을 형성해가지요. 처음 정자와 난자가 만났을 때는 하나의 세포에 불과하지만 그것이 점점 커져 인간이 되듯이, 우리 몸의 세포 하나하나는 비록 작은 부분에 불과하지만 그곳에 전체가 들어있지요. 따라서 복제양 돌리와 같이 체세포 하나를 가지고 완성된 양을 만들어낼 수도 있는 것이에요.

또한 우리 몸의 세포, 장기 하나하나는 의사를 가지고 있어요. 따라서 태교를 하면 염색체, 세포, 장기 하나하나가 반응하고 영향을 받아요. 태아는 자신의 영이 없기 때문에 영적으로 진화할 수는 없지만, 몸의 세포 하나하나 즉, 염색체는 진화가 가능하고 좋은 영향을 받지요.

대부분의 사람들은 임신이 된 순간부터 태교에 돌입하지요. 그렇지만 전문가들은 임신 10개월 동안의 태교보다 아이를 갖기 전 6개월간의 '몸 태교'가 더 중요하다고 강조해요. '스승의 10년 가르침이 어머니의 열 달 가르침만 못하고, 어머니 열 달 가르침이 아버지의 하루 낳음만 못하다'는 말이 있지요.

엄마가 아무리 태교에 정성을 쏟아도 수정 당시 정자가 건강하지 못하면 아기의 건강은 물론 두뇌 발달에도 영향을 끼칠 수 있거든요. 아직까지도 임신과 출산은 엄마의 몫이라는 고정관념이 팽배하지만 자녀에게 건강한 유전자를 물려주고 싶다면 아빠의 동참이 반드시 필요하지요. 요즘은 태교가 중요하다는 것을 아는 아빠가 많이 늘어나고 있죠. 사회적으로 이에 대해 연구하고 알리는 사람들이 늘어났지요. 관심 있는 분들은 책을 찾아서 읽어도 좋을 것 같군요.

# 대한민국은 낙태공화국

2013년에 한국은 여성 한 명이 평생 출산하는 자녀 수를 뜻하는 합계출산율이 1.19명으로 OECD 국가 중 최저출산율 국가의 불명예를 기록하고 있어요. 한 나라의 인구가 장기간 일정수준을 유지하는 데 필요한 인구 대체 수준 합계출산율 2.1명에 턱없이 못 미치는 실정이지요. 정부가 출산장려정책을 잇달아 발표하고 있지만 출산 관련 지표가 더 나빠지고 있어요.

정부가 세계 최저수준인 출산율 1.19명을 2017년까지 1.4명 수준으로 끌어올리는 '인구정책 3개년 계획'을 마련 중이라고 합니다. 출산율이 세계 최저를 기록하고 있는 가운데 '대한민국은 낙태공화국'이라는 오명을 쓰고 있어요.

보건복지부 장관은 '연간 17만 명인 낙태아가 모두 태어났다면 출산율이 1.6명은 됐을 것'이라고 말했다는데, 낙태문제만 잘 해결하면 정책목표를 쉽게 달성할 수 있을 것 같아요. 낙태 건수가 17만 명이라고 했는데 음성적인 낙태까지 합치면 연간 40만 명 이상으로 추정되고 있어요. 한 해 낙태 건수(40만 명)가 출생아 수(44만 명)와 비슷한 실정이니 비정상도 이런 비정상이 없습니다.

임신을 한 여고생이 거리낌 없이 친구들과 낙태수술을 위하여 산부인과 병원에 오고, 그 친구들은 수술하러 들어가는 아이에게 환송식 하듯 "잘하고

와, 별것 아니야"라고 말한다고 하니 충격적이고 가슴이 아픕니다. 생명의 소중함을 망각하고 놀이하듯이 가볍게 낙태수술을 한다고 하니 이 지경에 이른 사회가 안타깝습니다. 기성세대인 저도 이런 사회 풍조에 일조한 것은 아닌지 책임을 느끼고요. 기혼여성, 미혼여성, 심지어 청소년에 이르기까지 광범위하게 낙태가 이루어진다는 것은 생명경시 풍조와 성도덕의 문란이 어디까지 이르렀는지에 대하여 생각하게 합니다.

기혼여성의 59%가 낙태 수술을 경험하였고 절반은 두 번 이상을 경험하였으며, 한 산부인과의사의 고백에 의하면 일주일에 한두 번 수술하고, 9개월이 된 태아를 지운 적도 있다고 고백합니다. 이렇게 많은 낙태 수술이 행해지는 이유는 무엇일까요?●

그것은 생명경시 풍조와 성도덕의 문란이 만들어낸 합작품이라고요. 성도덕의 문란으로 원치 않는 임신을 하는 경우가 늘어나면서 낙태를 원하는 여성이 늘어나고, 병원 입장에서도 좋은 수입원의 하나로서 이를 기피하지 않음으로 인하여 많은 낙태수술이 이루어지는 것이지요.

낙태수술을 하려고 수술기구를 집어넣으면 태아가 수술기구를 피해 도망가는 모습이 모니터에 나타난다는 이야기를 들었어요. 태아가 낙태수술을 한다는 사실을 인지할까요?

● 출처 : 2004.12.29. 세계일보, 대한민국은 낙태공화국, 나기천 기자

태아도 압니다. 태아뿐만 아니라 생명을 가진 그 무엇이나 죽음을 싫어하며, 자신이 본디 부여받은 생명의 기간을 다할 수 있기를 바라지요. 동물, 식물 등 모든 생명체는 자신의 죽음을 안답니다. 마찬가지로 태아도 죽음을 인지하고, 생존을 위하여 자신에게 위해를 가하는 행위를 피하려는 동작을 보이지만 슬프게도 대항할 수가 없지요.

산부인과에 근무하면서 낙태아 처리를 한 간호사는 "눈 코 입이 선명한 데다 손발이 버젓이 있는 아기들을 끄집어낼 때마다 살인했다는 생각을 지울 수 없었다"고 괴로워했으며, 낙태가 '명백한 살인행위'라고 주장하고 있습니다. 낙태수술을 하는 경우 낙태수술을 하는 여성과 시술자에게 어떤 영향을 미칠까요?

낙태가 비록 현행법상으로 처벌을 받지 않는다고 하더라도 생명의 탄생을 방해한 행위로서 징벌이 없을 수 없어요. 낙태수술의 당사자인 여성은 성스러운 생산 능력을 올바르게 사용하지 못하고 자신의 몸을 함부로 하여 임신한 책임과 소중한 생명체를 끝까지 키워내지 못한 죄가 있지요. 수술을 집도한 의사는 수술의 부도덕성, 태아의 수술 거부 움직임 등을 모두 알고 있으면서도 돈의 노예가 되어 죄의식 없이 기계적으로 수술을 시행하고 있으므로 이는 다음 생에 미물로도 태어날 수 없는 중죄가 될 수 있다고요.

모자보건법에는 기형아 위험이나 유전질환, 성폭행에 의한 임신 등의 경우에 최장

28주까지 낙태를 허용하고 있으나, 법적으로 금지돼 있는 인위적인 낙태가 공공연히 자행되고 있다고 들었어요. 인위적인 낙태를 했다 하더라도 의사와 산모가 입을 맞추면 실제 처벌할 수 없다고 하는군요. 특히 현행 형법상 낙태에는 살인죄가 적용되지 않습니다. 법학계에서는 태아가 사람으로 인정되려면 산모로부터 완전히 분리되어야 하는데 뱃속 또는 일부만 노출된 경우는 태아로 간주되어 살인죄 등이 적용되지 않는다고 합니다. 물론 낙태를 할 수밖에 없는 상황에 처해 있는 사람들의 마음을 이해하지 못하는 것은 아니지만 낙태를 감소시킬 획기적인 방안은 없을까요?

무엇보다 근본적으로 변하는 게 중요하지요. 근본적이라는 것은 겉으로 보이는 것이 아닌 진정한 마음의 변화라 할 수 있어요. 인간의 탄생과정과 생명의 소중함을 스스로 알아차리는 인식의 전환이 필요하지요. 생명에 대해 존중하는 의식이 없다면 아무리 제도가 바뀌어도 일시적일 뿐이니까요.

## 삼칠일 동안 금줄 치기


과거의 산후조리보다 현대의 산후조리가 더 바람직하고 산모와 아기에게 도움이 되는 방법일까요?

꼭 그렇지는 않아요. 현재 시행되고 있는 산후조리보다 과거 조상들이 행하였던 산후조리가 산모와 아기의 육체 및 정신 건강에 도움되는 부분이 많이 있지요. 따라서 조상들의 산후조리가 어땠는지를 배우면 좋겠죠.

예전에는 아기를 낳으면 대문에 왼쪽으로 꼰 왼새끼로 만든 금줄을 쳤어요. 보통 새끼는 오른쪽으로 꼬지만 성스러운 의미가 있는 의례용 새끼는 왼새끼를 썼어요. 금줄은 아들을 낳았을 때는 생솔가지, 숯, 빨간 고추 등을, 딸을 낳았을 때는 생솔가지, 숯, 종이 등을 중간 중간에 끼워 대문의 양 기둥 사이에 매달았습니다. 이 금줄 문화는 아기가 별 탈 없이 건강하게 자라줬으면 하는 간절한 마음이 담긴 민간 신앙이지요.

금줄이 쳐 있으면 그 집 식구 말고는 그 집에 들어올 수 없었고, 형제나 시집 간 딸이라고 하더라도 집에 들르는 것을 조심하였다고 합니다. 식구 말고 다른 이가 들락거리면 삼신할머니가 노해서 아기에게 해를 끼친다고 믿었기 때문이죠. 금줄은 삼칠일, 즉 21일간(3×7=21) 매달아 두었다가 때가 지나면 거두어서 태우기도 했지만 대개는 대문 옆 담이나 울타리에 걸쳐 놓아 저절로 썩어 없어지게 했어요. 민간 신앙적 의미가 담겨 있긴 하지만 아직 면역력이 약한 아기에게 해를 끼치지 않게 하기 위한 장치라고 할 수 있지요.

불과 20여 년 전까지 만해도 우리네 이웃에서 흔히 볼 수 있는 광경이었는데 근래에는 보기가 어렵지요. 아마도 거의 다 병원에서 아이를 낳기 때문이겠지만 이제는 집에서 아기를 낳는다 하더라도 금줄을 치는 경우는 거의 없는 것 같군요. 금줄은 치지 않아도 금줄을 치는 의미를 되새긴다면 좋겠군요.

산후조리가 출산 못지않게 중요한 것은 출산할 때 산모의 골반이 늘어나면서 자궁에서 아기가 태어남으로써 몸의 상태가 갑자기 텅 비게 되기 때문이에요. 텅 빈 자궁과 늘어난 골반이 제자리를 잡기까지는 바깥의 냉기冷氣에 노출되기 쉬워요. 산후조리를 잘못하면 골반 속에 냉기가 들어가 평생 후유증을 앓거든요. 산후조리 잘못으로 생긴 병은 치료가 어려워 고질병이 되기 쉬워요. 이런 것을 치료할 수 있는 가장 좋은 방법은 다시 출산 후 산후조리를 잘하는 것이에요.

산모는 찬물에 손을 대서는 안 되고, 겨울이든 여름이든 뜨거운 아랫목에 누워 몸조리를 해야 했지요. 아기가 태어나면 대문에 금줄을 치고 삼칠일 동안 외부 사람을 산모의 방에 들어오지 못하게 하여 냉기에 노출되는 것을 경계했어요. 이런 것은 현대과학의 관점으로 보아도 놀라운 선조들의 지혜 아닐까요?

요사이 현대화된 병원에서 출산함으로써 여러 가지 좋은 점도 있기는 하지만 산후조리라는 면에서 보면 문제점이 더 많죠. 예를 들어 임산부들이 얇은 옷을 입고 대기하다가 분만을 하고, 그 상태에서 일정 시간 대기실에 대기하다 방으로 옮겨지죠. 또한 젖을 먹이기 위해 수시로 차가운 곳에 노출된 채 신생아실에 다니게 됨으로써 냉기에 취약하고요.

아기는 신생아실에 있는 것이 더 좋다고 생각하고, 산모들도 힘들기 때문에 함께 있기를 주저하는 경우가 있지요. 하지만 엄마와 아기는 함께 생활해야 해요. 아기와 함께 있는 엄마는 더욱 빠른 회복을 보인다고 하지요. 이 사실을 알고 있다 하더라도 관리상의 어려움 때문에 많은 산부인과 병원과 산후조리원에서 신생아실을 따로 운영하고 있으나 진정으로 엄마와 아기를 위한다면 엄마와 아기가 같은 방에서 있을 수 있도록 조치를 취하는 게 좋죠.

현대의 주거 형편상 과거 우리네 조상님들과 같은 산후조리 방법은 선택할 수 없다 하더라도 최소한 산모가 아기와 함께 있도록 하는 것과, 냉기에 노출되지 않도록 하는 것 그리고 삼칠일, 즉 21일간은 외부인의 출입을 자제하는 문화는 계승하는 게 어떨까요? 현명한 어머니들이라면 그렇게 할 거라고 보고요.

넷
째
마
당

인간 출생에 필요한
# 4 가 지 인 자

넷째 마당 ● 인간 출생에 필요한 4가지 인자

# 4가지 인자란

세상에는 수많은 사람이 있어요. 그렇지만 같은 사람은 한 사람도 없지요. 심지어 일란성 쌍둥이조차도 비슷하기는 해도 똑같지는 않죠. 크게 보면 모두 사람이지만 무엇이 달라도 달라요. 외모도 다르고 살아가는 모습도 전혀 다르죠. 왜 이렇게 사람은 각각 다를까요?

다 같은 사람인데 왜 이 사람은 이렇고, 저 사람은 저렇게 서로 다른 것이 오묘하지 않아요?

외모가 서로 다른 것은 사람의 외형을 구성하는 요소가 머리, 몸통, 팔, 다리, 눈, 코, 귀, 입 등으로 동일하지만, 그 구성요소가 이루어내는 조합이 워낙 다양하기 때문입니다. 지구 인구가 70억 명이 넘어도 같은 사람은 한 사람도 없어요. 또 살아가는 모습이 각자 다른 것은 인간을 구성하고 있는 4가지 인자因子, 즉, 유전인자, 시간인자, 환경인자, 영성인자가 다르기 때문이지요.

인간을 구성하는 4가지 인자라니 처음 들어보셨죠?

인간으로 태어남에 있어 인간의 창조 목적이 '진화'라고 하죠. 달리 말씀드리면 영혼의 성숙이기 때문에 한 번 태어났던 경험이 있던 영들은 다시 태어날 때 이전의 삶을 기반으로 해서 프로그램을 짭니다. 자신의 영혼을 진화시키기 위한 최적의 조건으로 말이죠. 인간을 구체적으로 형상화시킬 때 유전인자, 시간인자, 환경인자, 영성인자의 4가지 인자를 주지요.

4가지 인자는 그 사람이 이번 생에 어떤 배움을, 어떤 환경 속에서, 어떤 과정을 거쳐 얻을 것인가에 대한 스케줄을 네 종류의 코드로 만들어 유전자, 사주四柱, 환경, 태어나는 장소 등에 입력해놓은 것이지요. 이 4가지 인자를 사람마다 다르게 주어 진화할 수 있는 가능성을 어떤 사람은 많이, 어떤 사람은 적게 가지고 있어요.

**첫째, 유전인자**

유전인자란 말 그대로 종자, 씨라고도 하며, 그 사람이 태어날 때 부모를 누구로 할 것인가, 어떤 유전자를 가지고 태어날 것인가를 결정짓는 인자를 말해요. 옛말에 '씨도둑은 못한다'는 말이 있지요. 이처럼 유전인자에 따라 부모의 얼굴, 체형, 성질 등을 닮게 태어납니다. 외모뿐만이 아니라 가지고 있는 재능도 부모로부터 이어져 온 것이 많지요.

이 유전인자는 부모로부터 받아 태어나는 것이므로 나의 유전인자가 마음에 들지 않는다고 하여 바꿀 수 없어요. 어머니 뱃속에 들어갔다 다시 태어날 수는 없으니까요.

**둘째, 시간인자**

유전인자에 의해 종자가 정해졌으면 몇 년, 몇 월, 몇 날, 몇 시에 태어날지가 결정되는데, 시간에는 다 주관하는 오행五行*이 있어요. 몇 날, 몇 시에 태어났느냐에 따라 오행 중의 어떤 요소를 많이, 어떤 요소는 적게 갖게 되지요. 이것을 시간인자라고 합니다.

시간인자란 흔히 사주팔자四柱八字라고 부르는 것입니다. 사주팔자라 함은 사주(四柱, 네 기둥) 즉, '연월일시' 네 가지 기둥에, 10가지의 천간天干**과 12가지의 지지十二地支***로 구성된 육십 간지六十干支****의 8글자로 구성된 것을 말해요.

| 천간(天干) | 정(丁) | 병(丙) | 을(乙) | 임(壬) |
|---|---|---|---|---|
| 지지(地支) | 유(酉) | 진(辰) | 사(巳) | 진(辰) |
| 사주(四柱) | 시 | 일 | 월 | 연 |

사주팔자란 하늘이 인간을 내보낼 때 그 인간의 스케줄에 관한 정보가 들어 있는 여덟 글자로 이루어진 코드라고 할 수 있어요. '임진壬辰, 을사乙巳, 병진丙辰, 정유丁酉', 이 여덟 글자를 알면 내가 태어날 때 어떤 스케줄을 가지고 태어났는지 대강을 짐작할 수 있지요.

사주를 통해 대강의 스케줄을 알아냈다면 어떻게 행동해야 할까요? 예를 들어 사주를 보니 어떤 사람은 평생토록 부귀영화를 누릴 상입니다. 이 경우 좋은 사주만 믿고 아무런 노력도 하지 않고 빈둥거린다면 과연 평생토록 부귀영화를 누릴 수 있을까요? 아마도 그렇지는 않을 거예요. 좋은 사주를

● 오행(五行) : 목화토금수(木火土金水)
●● 천간(天干) : 갑(甲), 을(乙), 병(丙), 정(丁), 무(戊), 기(己), 경(庚), 신(辛), 임(壬), 계(癸)의 10가지로 구성되어 있다.
●●● 십이지지(十二地支) : 자(子), 축(丑), 인(寅), 묘(卯), 진(辰), 사(巳), 오(午), 미(未), 신(申), 유(酉), 술(戌), 해(亥)의 12가지로 구성되어 있다.
●●●● 육십간지(六十干支) : 갑자(甲子), 을축(乙丑), 병인(丙寅) 정묘(丁卯)와 같이 천간의 10간과 지지의 12지지를 차례대로 붙여 나가 만들어진 60가지의 간지를 말한다.

타고났다면 그것을 바탕으로 더욱 좋은 삶을 살아갈 수 있도록 노력하여야 사주와 같은 부귀영화를 누릴 수 있을 것입니다.

반대로 어떤 사람은 평생토록 끼니 걱정을 하면서 고생할 상입니다. 이 경우 나쁜 사주를 타고났으니 노력해도 소용이 없을 것으로 자포자기하고 아무런 노력도 하지 않는다면 어떻게 될까요? 아마도 사주와 같이 평생토록 끼니 걱정을 하면서 고생하겠지요. 그러나 나쁜 사주를 가졌지만 어떻게 하든지 이 어려움을 이겨내겠다고 노력한다면 아마도 삶의 모습이 전혀 다르게 전개되겠지요.

따라서 사주가 좋으니 만사가 잘될 것이라고 믿고 아무 노력을 하지 않거나, 사주가 나쁘니 되는 일이 없을 것으로 생각하고 주저앉는 것도 바람직하지 않지요. 그 스케줄을 어떻게 하면 개선시킬 수 있을지 연구하고 또 연구하고, 노력하고 또 노력하여 개선의 계기를 마련하여야 하겠죠. 그리하면 얼마든지 사주팔자와는 다른 나의 모습을 만들어낼 수 있어요.

### 셋째, 환경인자

환경인자란 어떤 환경에서 태어나 살아가는가를 결정하는 인자이지요. 같은 날, 같은 시에 태어났다 하더라도 어떤 곳에서 태어났느냐에 따라 삶의 모습이 전혀 달라질 것입니다.

예를 들어 서울에서 태어났느냐, 농촌에서 또는 어촌에서 태어났느냐에 따라 삶의 모습이 판이하게 달라지겠죠. 서울에서 태어난 아이는 아파트에 살면서 각종 학원에 다니면서 가끔씩 어린이 놀이터에서 뛰어놀겠지요. 농촌에서 태어난 아이는 논두렁 밭두렁을 다니면서 개구리와 메뚜기를 잡으며 자연과 더불어 하는 시간을 많이 가지겠지요. 어촌에서 태어난 아이는 바다에서 수영하고 고기 잡으면서 역시 자연과 함께하는 시간을 많이 가지겠죠. 이렇게 다른 환경에서 자란 아이들이 장성한 모습은 차이가 나지 않을까요?

또한 자유분방한 미국 사회에서 자랐는가, 엄격한 이슬람 사회에서 자랐는가, 가부장적인 요소가 많은 한국 사회에서 자랐는가에 따라 개성의 많은 부분이 다르게 형성되기도 하겠죠. 그러나 가장 중요한 요인은 가정환경으로 화목한 부모 사이에서 자랐는가, 반목하고 부부 싸움이 심한 부모 사이에서 자랐는가와 같이 어떤 가정에서, 어떤 부모 밑에서, 어떤 형제자매 사이에서 자랐는가가 개성 형성에 가장 큰 영향을 끼친다고 해요.

환경인자는 어찌 보면 삶을 살아가는 과정이라고 볼 수 있어요. 사람의 삶은 환경의 영향을 받으므로 어떤 사람을 만나고 무엇을 배우며 어떤 일을 겪느냐에 따라 살아가는 모습이 전혀 달라지겠지요. 풍수지리에 따라 자연환경이 좋은 곳을 찾고, 교통, 편의시설, 문화시설 등 주거환경이 좋은 곳을 찾아 살려고 하는 것은 좋은 것이죠. 살아가는 환경을 좋게 만들어 자신에게 좋은 영향을 미치려는 노력이니까요.

따라서 환경인자는 자신의 선택에 의하여 얼마든지 바꿀 수 있는 요소랍니다. 농촌에서 태어났더라도 서울로 이사하여 살 수 있고, 서울에서 살다가 어촌으로 옮겨갈 수도 있으니까요. 또한 한국에서 태어났지만 환경이 다른 미국에 이민을 가서 살 수도 있는 노릇이고요.

**넷째, 영성**靈性**인자**

영성인자란 그 영이 얼마나 진화하고자 하는, 향상하고자 하는 의지가 있는가를 판가름하는 인자랍니다. 자신만을 위하는 것이 아니라 타인과 함께 사랑의 길로 나아가고자 하는 인자라고 할 수 있습니다. 영성인자는 불리한 환경에서 태어났다 하더라도 기도 등의 종교적인 활동이나 명상, 수행을 통해 주어진 상태를 개선할 수 있어요.

영성인자를 측정하는 가장 좋은 방법은 그 사람이 얼마나 사랑의 마음을 가지고 실천하느냐를 보면 됩니다. 정치가의 경우 입만 열면 '국가와 민족을 위하여'라고 말하지만 실제로 말과 같이 실천하는 경우는 드물죠? 입으로 아무리 이런저런 훌륭한 애기를 해도 실천이 없다면 영성이 낮은 사람이라고 보면 됩니다. 반면에 테레사 수녀님처럼 별 애기를 하지 않아도 묵묵히 사랑을 실천하는 사람이라면 영성이 높은 사람이라고 할 수 있겠죠. 아마 여러분 주변에도 이런 분들이 많을 거예요.

# 무한한 가능성을 가진 나의 인생

이미 사주라 하여 스케줄을 정해서 나왔다고 하더라도 인간은 자신의 삶을 조절할 순 없나요?

4가지 인자 중에서 유전인자와 시간인자는 이미 타고난 것이므로 변할 수 없어요. 내 모습이 마음에 들지 않아 바꾸고 싶어도 어쩔 수 없지요. 부모님으로부터 물려받은 유전인자 때문이므로 다시 태어나지 않는 한 바꿀 수 없지요. 물론 성형수술을 하면 바뀌겠지만 아무리 성형수술을 기가 막히게 하더라도 유전자를 바꿀 수는 없지요. 시간인자도 마찬가지랍니다. 아무리 태어난 시간의 사주팔자가 나쁘더라도 태어난 시간을 바꾸어 사주팔자를 다르게 할 수는 없지요. 어머니 뱃속에 들어갔다 좋은 시간에 맞추어 다시 나올 수가 없으니 말이죠.

하지만 환경인자와 영성인자는 변화시킬 수 있어요. 환경인자의 경우, 환경이 좋지 않은 곳에서 태어났다 하더라도 환경이 좋은 곳을 찾아가 살 수 있잖아요. 풍수지리에 대하여, 환경에 대하여 이야기하는 것은 사람은 환경의 영향을 받으므로 좋은 장소에서 좋은 기운을 받으면서 살면 삶이 더욱 좋아질 것이고, 나쁜 장소에서 나쁜 기운을 받으면서 산다면 삶이 점차 옹색해질 것이기 때문입니다. 따라서 환경적인 요인은 바꿀 수가 있답니다. 영성인자 또한 기도나 명상 등 자신을 향상시키려는 행위를 통해 주어진 삶을 개선할 수 있지요. 반대로 사랑을 실천하는 삶을 살다 타락하여 자신만을 생각하는 패륜적인 삶을 살 수도 있고요.

결국 인간은 50%는 타고난 것으로 바꿀 수 없고, 50%는 노력 여하에 따라서 바꿀 수 있다는 얘기를 하고 싶군요. 그렇게 고정된 것 반, 변할 수 있는 것 반으로 나누어 창조된 존재가 인간이랍니다. 그런데 노력에 의하여 인생의 50%를 바꿀 수 있다는 것은 대단히 긍정적인 거예요. 어려운 환경에서 태어나 재벌이 되거나 대통령이 되는 등 자신의 노력에 의하여 전혀 다른 모습으로 변할 수 있는 것은 이것 때문이죠. 그렇기 때문에 더욱 의미가 있는 것이고요.

현재는 비록 궁색한 삶을 살고 있다 하더라도 인생의 50%를 마음먹기에 따라 바꿀 수 있어요. 그러니 어떤 상황에서도 희망을 가져봄 직합니다. 굼벵이가 나비가 되듯이 전혀 다른 모습으로 변할 수 있다고요. 그렇기 때문에 인간은 무한한 가능성을 가진 존재이지요. 지금은 비록 힘든 환경에 처해 있다 하더라도 내일부터 눈부시게 변할 수 있는 게 인간이니까요. 따라서 인생은 힘껏 살아볼 가치가 있어요. 우리 모두 힘을 내어요.

## 진화의 키워드



인간의 창조 목적이 진화이기 때문에 스케줄을 짤 때 어떻게 하면 가장 큰 배움을 얻을 수 있을까에 중점을 두고, 진화할 수 있는 여건을 각각 다르게 부여하지요. 좋은 것으로만 혹은 힘든 것만으로 스케줄을 채우지는 않죠. 장애물도 부여하고 그것을 극복할 수 있는 요소들도 부여하지요. 이런 것을 도움요소라고 하지요. 장애물은 영혼의 발전을 위해 부여하는 것이고 도움요소는 장애요인을 극복할 수 있게 도와주는 것이고요.

전에 태어났던 영들은 이전의 삶을 기반으로 해서 진화할 수 있는 여건을 고려하여 프로그램을 짭니다. 그 프로그램에는 장애물도 있고, 도움요소가 동시에 포함되어 있어요. 그 이유는 진화를 위해서는 진화에 필요한 양분과 시험이 같이 필요하기 때문이지요. 양분이 도움 요소이며, 시험이 장애물이지요.

만약 장애물만 있고 도움 요소가 없다면 장애물에 걸려 어려움을 겪을 때 그것을 이겨낼 힘이 없어 좌절함으로써 태어난 목적을 달성하지 못할 수도 있기 때문이지요. 예를 들어 부모가 없는 사주로 태어났다면, 부모 못지않게 어려움에 처했을 때 그를 도와줄 수 있는 친구나 동료가 주변에 있도록 프로그램을 짜고 나온다는 뜻입니다.

흔히 인생은 드라마 같다고 하죠? 희한하게도 사람들이 좋아하는 대부분의 영화나 드라마의 구성을 보면 장애물과 도움 요소가 적절히 잘 섞여 있어요. 주인공이 있으면 그 주인공을 방해하는 이가 등장해요. 그것은 외부 상황일 수도 있고 사람일 수도 있죠. 어쨌든 그 힘이 주인공을 계속 궁지로 몰아가서 파멸시키려 하죠. 주인공은 처음에는 버티다가 나중엔 파멸 직전에 이르죠. 그러다 결정적인 순간 주인공을 도와주는 조력자가 나타나요. 그 조력자의 도움으로 숨겨진 진실이 밝혀지고 이를 바탕으로 주인공은 다시 회생할 기회를 잡지요. 뭐 다음엔 말할 것도 없이 해피엔딩이고요.

시험, 즉 장애물은 인간의 진화에 있어 꼭 필요한 요소이지요. 만약 시험이 없다면 시험자의 마음이 느슨해져 수천수만 년이 흘러도 영의 수준이 그대로인 경우가 많겠죠. 그 상태에 안주할 가능성이 크다고요. 우주의 수많은 별들에서 시험이 없거나 아주 간단히 주어지기에 시험이 있는 별과 비교하면 영의 발전이 너무 천천히 진행되지요. 그렇기 때문에 지구와 같은 수련별에 와서 수많은 시험을 치르며 진화의 과정을 단축하고자 하는 것이죠.

시험은 도움 요소인 양분이 없으면 잘 치러낼 수 없어서 시험을 통한 진화가 일어나기 어려워요. 따라서 진화는 시험만 있어서도 안 되고, 양분만 있어서도 안 되지요. 시험과 양분이 같이 있어야만 시험을 통해 자신의 잠재력

을 극한까지 끌어낼 수 있고, 양분을 바탕으로 시험에 통과할 수 있으니까
요. 양분이 없으면 시험이 통과할 수 없는 절망으로 다가올 뿐이어서, 그로
인해 자신감이 상실되고 패배의식만 쌓이게 되어 오히려 퇴화할 우려도 있
지요.

시험의 의미를 모르고 무의미한 장애물로만 여기는 것이 보통 사람들의 삶
이지요. 그로 인해 수많은 고통과 권태를 겪으면서도 진화의 길을 가지 못
하고 좌절하지요.

그렇기 때문에 누구를 만나는지도 나의 영혼을 발전시키는 데 중요한 동인
이에요. 고통과 권태를 겪고 있는 와중에 그 의미를 새로이 알려주는 만남
이 있다면 그것을 통해 내게 다가오는 인생의 의미를 깨달아 진화의 길을 갈
수 있지요. 만남은 시험의 의미를 알려주는 만남이 가장 귀한 만남이며, 양
분이 되어주는 만남, 즉 시험을 이겨낼 수 있는 힘을 주는 만남이 두 번째
귀한 만남입니다.

만나지 않음만 못한 만남도 있어요. 만남으로 인해 내가 오히려 퇴화하거
나, 힘을 뺏기거나, 영성이 흐려지는 만남이 그것입니다. 그러나 바람직하지
못한 만남이라 하더라도 내가 어떻게 하느냐에 따라 이를 진화의 동인으로
삼을 수도 있습니다. 그것을 극복하고 그 만남에서 교훈을 얻었다면 그만큼
내 영혼이 성숙하게 되는 계기가 되기도 하니까요.

결국은 모두 자신이 그것을 어떻게 받아들이느냐에 달린 문제이지요. 그래도 이왕이면 가시밭길보다는 꽃길로 가는 게 낫잖아요? 만남을 잘 활용하여야만 진화의 길이 원만히 열릴 수 있습니다.

## 정해진 인생, 스케줄대로 살아야만 할까

**인간이 태어날 때 그 사람만이 해야 할 일이라든가 정해진 역할이 있나요?**

인간에게는 태어나면서 하늘로부터 부여받은 스케줄이 있어요. 인간의 스케줄이란 하늘이 인간을 내보낼 때 그 인간이 그것을 통해 어떤 배움을, 어떤 환경 속에서, 어떤 과정을 거쳐 얻을 것인가에 대해 짜놓은 계획이라고 할 수 있지요. 스케줄은 인간의 인생에 대한 운명運命이자 소명召命이자 사명使命이자 사주팔자이기도 하지요.

그러니까 자신의 역할은 한 가지로 고정되어 있는 것은 아니에요. 그렇다고 하여 무한정 여러 갈래로 나뉘어 있는 것도 아니지요. 예를 들어 서울에서 부산까지 간다면, 서울에서 부산으로 가는 길이 수없이 많지만 대부분 고속도로를 이용합니다. 그 이유는 그 길이 가장 안전하고 빠르기 때문입니다. 그러나 고속도로가 정체되면 그 이외의 길을 선택하기도 하지요.

어린아이가 태어나면 대부분의 사람들은 유치원, 초등학교, 중고등학교를 거쳐 대학교로 가는 교육과정을 거쳐 아이를 기릅니다. 그 이유는 오랜 세월을 거치면서 이 방법이 가장 무난하게 어른으로 성장시키는 길로 판명되었기 때문입니다. 그러나 모든 사람들이 이와 같은 과정을 거치는 것은 아니지요. 유치원에 다니지 않거나, 중고등학교에 다니지 않고 검정고시를 통하여 이수하는 방법, 대안학교에 다니는 방법, 집에서 공부하는 홈스쿨링 등 다양한 방법이 있지요.

역할이 고정되어 있지 않음 또한 이와 같다고 할 수 있어요. 해야 할 역할은 있지만 그 일을 하기 위한 길이 하나만 있는 것은 아니지요. 이런저런 선택의 길이 열려 있는 것이죠. 스케줄을 이렇게 이해하면 하늘이 인간에게 바라시는 것이 무엇인지 알 수 있어요. 즉, 내가 원래 이 세상에 하기로 한 역할이 무엇인지를 알 수 있습니다. 하늘이 원하는 것이란 인간에게 어느 한 가지 선택만을 강요하는 것이 아니라 수많은 선택 속에서 다양한 길을 열어가기를 바라는 것이죠. 그만큼의 자율성을 취하길 바라시는 거죠.

하지만 스케줄의 선택이 무한정 열려 있다고 생각해서도 안 되지요. 인간의 진화에 도움이 되지 않는 것을 선택하려 하면 그것만큼은 어떤 방법을 써서라도 막기 때문입니다.

이런 경우가 있지요. 모두가 최고로 여기는 ○○대학교 법대를 우수한 성적으로 졸업하였으나 수십 년간 고시에 합격하지 못하는 사람이 있어요. 다른 수험생이 어려운 문제를 물으면 교수 수준으로 명쾌하게 해설을 해주는 등 실력으로 보면 당연히 합격하고도 남음이 있으나 번번이 낙방합니다. 그것도 커트라인 근처에서 아슬아슬하게 떨어집니다. 처음 몇 번은 낙담하여 실의에 빠지기도 했으나 여러 번 떨어지자 만성이 되어 별로 충격을 받지도 않습니다. 그런 세월이 어느덧 20여 년, 이제 고시공부를 그만두고 다른 일을 하는 것은 생각조차 하지 못합니다. 고시공부가 직업이 되어 버렸습니다. 고시에 집착하다 인생을 허송세월하고 있는 것이지요.

고시공부를 수십 년간 하고도 매번 시험에 떨어지는 사람의 경우 선택의 자유가 열려 있지 않다고 느끼게 될 수도 있으나, 그것은 한 길에만 시선을 두는 외골수를 고치는 게 이번 생의 과제이므로 그렇게 끝내 길을 열어주시지 않는 것입니다. 고시에 합격하여 출세의 길을 가는 것이 그 사람의 진화에 도움이 되지 않기에 그리하는 것이죠.

결혼이나 사업 등의 성패 또한 마찬가지입니다. 인간들은 이런 것들을 길흉화복이라고 얘기하나 깊이 들여다보면 하늘이 바라시는 진화의 방향과 어긋나는 것을 막고, 일치하는 바를 장려하는 것이지요.

스케줄에 선택의 자유를 주는 것은 자신에게 알맞은 배움을, 알맞은 환경 속에서, 알맞은 과정을 거쳐 얻어나가느냐, 아니면 자신에게 알맞지 않은 배움을, 알맞지 않은 환경 속에서, 알맞지 않은 과정을 거쳐 배울 것이냐에 대한 자유입니다. 하늘의 뜻을 아는 이는 전자를 따라갈 것이나, 하늘의 뜻을 모르는 이는 후자의 길을 가며 고생고생 하다가 나중에야 자기 길을 찾거나, 아니면 끝내 자기 길을 찾지 못해 한 맺힌 채 하늘을 원망하며 생을 마감하게 되겠지요.

스케줄을 이해하는 시각이 성숙하면 하늘의 뜻을 이해하고 하늘의 사랑에 감사하며 하늘이 정해주신 길을 즐겁게 갈 수 있으며, 하늘의 마음을 이해하며 매 순간 감사의 염念을 품게 되지요. 하늘이 원하는 바를 행한다고 생각하면 '나는 어디 있는가? 나의 의지는 없고 하늘만 있는가?' 하고 생각하실 수도 있겠는데 여기서 말하는 '하늘'이란 내 영혼이 원하는 것, 본래의 나, 처음 스케줄을 짜고 그 어떤 것에도 물들지 않는 천연 그대로의 내가 원하는 것이라고 이해하면 되겠어요.

스케줄은 세상의 사주를 연구하는 이들도 이해하는 바가 있어 인생을 길흉화복의 관점에서 풀어주지요. 그러나 사주를 이해하는 좋은 방법은 길흉화복이 아닌 경험을 통한 진화의 관점에서 스케줄을 풀어보는 것입니다. 길흉화복인 측면에만 초점을 맞춘다면 내가 어떻게 하겠다는 것은 없이 길흉화복 자체에만 주의를 기울이겠죠. 하지만 경험을 통한 내 영혼의 성숙이라는 측면에서 사주를 보면, 장애물이 오더라도 이를 어떻게 극복할 것인가, 또 나의 부족한 점이 무엇인가를 알고 이를 채우기 위한 노력을 할 수 있지요.

인간의 스케줄 속에는 시간인자, 환경인자, 유전인자, 영성인자가 모두 포함되어 있으며, 명부에 프로그래밍 되어 있어요. 사주팔자는 시간인자 25%를 읽는 코드일 뿐이지만 스케줄 전체를 엿볼 수 있는 코드로도 활용될 수 있습니다.

부잣집 자식으로 태어나 향락을 누리며 평생을 철없이 보내는 사람도 있지요. 주변에 그렇게 좋은 영향을 끼치는 것 같지 않은데 하늘은 왜 그런 좋은 삶의 조건을 그런 자리에 배정된 것은 전생에 공덕을 쌓았거나, 공덕 없이 배정된 경우도 있는데 모두 공부를 위해서입니다.

악인惡人이 잘 먹고 잘 살고, 선인善人이 어려움을 겪으며 고생하는 것을 보면서 하늘이 있다면, 인과응보가 있다면 어찌 저런 일이 있을 수 있을까, 하는 의문을 가질 수도 있어요. 그러나 이는 시점이 현생에 한정되어 있기 때문이지요. 인간의 생은 지금 한 생만이 있는 것이 아니지요. 그 시점을 전생前生, 현생現生, 내생來生으로 넓히면 모든 것이 한 치의 오차도 없이 인과응보대로 가게 되어 있어요.

물질적으로 풍요로운 삶을 누리는 사람의 영적 수준이 높지 않은 경우, 당사자의 입장에서는 풍요의 실체를 경험함으로써 물질의 허망함을 깨닫도록 하기 위해서지요. 그것을 지켜보는 타인도 물질의 허망함을 같이 느껴보기 위해서인 경우가 많지요.

물질의 실체를 깨닫는 방법은 스스로 맘껏 가져보는 것이 가장 좋은 방법이지요. 가져보면 그것이 별것이 아니라는 것을 알기 때문이지요. 이런 삶의 자리는 공부에 도움이 되는 면도 있으나, 죄를 짓기도 좋은 자리여서 업을 쌓는 면도 크다 할 수 있어요. 역리의 공부 교재로 쓰이는 경우가 많으며, 공부 차원에서 배정됩니다.

공부의 묘미는 이러한 사람을 보면서 어떤 판단을 하느냐입니다. '세상은 불공평하고 더럽다'고 생각한다면 나쁜 쪽으로 가게 되지요. '저런 사람이 있다는 사실이 이해가 안 되긴 하지만 세상은 원래 이해하기 힘든 곳이다. 이해하기 힘들지만 나는 옳은 길을 가야 하지 않겠는가'라고 생각할 수 있다면 좋은 쪽으로 가게 되지요. 하늘의 뜻을 인간의 머리로 이해하는 것이 쉽지 않죠.

그러나 이해하려고 노력하면 어떤 식으로든 이해가 가능하며, 성현들의 말씀 속에 이것을 이해할 수 있는 다양한 단서가 숨어 있어요. 고전을 읽는 이유는 바로 성현들의 지혜를 현대를 살아가고 있는 나의 삶에 가져오기 위함이지요.

부잣집에 태어나 원 없이 돈을 펑펑 쓰고 그런 것이 일견 좋아 보일 수는 있지만 그것으로 인해 업을 짓기가 쉽습니다. 향락적이고 사치스런 삶에 대한 유혹이 보통 사람보다 많잖아요?

반면 풍족하게 가져봄으로써 깨닫는 것도 있겠죠. 인간들이 집착하는 물질에 대해 연연하지 않게 되는 계기가 될 수 있고요. 그래서 가지기보다는 베푸는 삶으로 트는 계기가 될 수도 있고요. 만약 깨달음이 없다면 그것 자체로 바라보는 이들로 하여금 역리의 교재를 제공하는 것도 될 수 있고요. 이런 경우를 두고 반면교사라고 하죠?

여러 가지 상황이 있을 수 있겠으나 스케줄이라는 것은 본인의 동의를 얻어 부여하므로 모두가 본인의 책임이라고 할 수 있어요.

### 스케줄에 서명하는 과정은 어떻게 이루어지나요?

스케줄에 서명하는 과정은 먼저 스케줄을 영의 눈앞에 일생의 스케줄을 펼쳐 보여줍니다. 영에게 내가 앞으로 어떤 삶을 살게 될지 확인하도록 하는 과정이지요. 영이 자신의 의사를 개진하는 것도 이 단계에서 이루어지며, 스케줄이 나의 진화를 위해 적절치 못하다고 판단하면 수정을 요청하기도 합니다. 그러나 대개는 요청이 받아들여지지 않는데, 이는 스케줄을 짜는 이의 수준이 영의 수준보다 높기 때문입니다. 왜 그런 스케줄이 영의 진화에 최적의 스케줄인지 알려주면 수긍을 하며, 앞서 예를 든 경우처럼 스케줄의 결과 업이 많이 느는 경우에 영이 감당해야 할 위험도 충분히 설명해 줍니다.

스케줄을 정해서 나오는데 어떻게 악인이 생길 수 있는지 궁금할 수도 있겠어요. 악인의 스케줄은 악행을 통한 자유의지의 남용이 어떤 결과를 낳는지 몸소 체험하기 위한 스케줄인 경우가 많아요. 그러한 스케줄을 통해 겪을 고통과 고난을 받아들이겠다고 서명한 것이니 어떤 면에선 그들 또한 용기 있는 영혼이지요. 영계의 지하 세계에 가는 것을 마다하지 않고 서명한 것이라 볼 수 있으니까요. 영계에 머물며 기약 없이 보내는 것보다는 그러한 스케줄이라도 부여받아 진화의 길을 가기를 원하는 것이죠.

또 지구라는 곳은 선과 악이 반반씩 섞여 돌아가는 곳이기 때문에 선인이 있다면 그만큼의 비율만큼 악인이 생기는 것도 이곳의 법칙이고요. 하지만 어떤 것이든 고정된 것은 없으므로 선인의 스케줄로 태어났다고 할지라도 본인이 그것을 잘 운용하지 못하면 악한 영향을 끼칠 수도 있고, 악인의 스케줄로 태어났다고 할지라도 어떤 만남이 계기가 되어 선한 방향으로 나아갈 수도 있어요.

예를 들면 공자의 제자 중 가장 연장자였던 자로가 있지요. 자로는 본디 성미가 거친 무뢰한이라고 알려져 있어요. 한때 그는 공자를 업신여기며 폭행까지 하려고 했다죠. 그런 자로가 공자의 제자가 된 과정도 보통사람과는 사뭇 달랐는데요. 그는 평소 사람이라면 누구나 태어나면서 자신의 길이 결정되기 때문에 배우는 것이 필요가 없다고 생각했어요. 그래서 공자께서 여러 제자를 기르는 것을 못마땅하게 생각했지요.

공자에 대한 불만이 있던 자로는 어느 날 활과 화살을 가지고 공자를 찾아 갔어요. 그리고는 공자 앞에 화살 한 움큼을 놓았죠. 그리고는 "대나무는 잡아주지 않아도 저절로 반듯하게 자랍니다. 그것을 잘라서 쓴다면 무기라도 만들 수 있습니다. 이런 것으로 말하면 꼭 학문을 해야 할 필요가 있습니까?" 하고 물었지요. 이에 공자는 "화살 한쪽에 깃을 꽂고 다른 한쪽에 화살촉을 박는다면 그 날카롭고 가벼운 것이 겸해져서 목표물에 들어가는 것이 더욱 깊어지지 않겠느냐?" 하고 대답하지요.

이에 자로는 느낀 바 있어 두 번 절하고 공자의 가르침을 받게 되었지요. 안회가 공자와 가장 닮은 제자여서 유명하다면 자로는 용맹성과 실천력 때문에 유명하지요. 공자와 자로의 관계는 시정잡배 출신일지라도 가르치고 배우는 데 힘쓰면 훌륭한 선비가 될 수 있다는 것을 보여주는 예이지요.

또 선한 스케줄로 태어났으나 각종 변수로 인해 자신의 역할을 제대로 수행하지 못해 주변에 안 좋은 영향을 끼친 경우도 있지요.

임진왜란 당시 조선의 임금이었던 선조가 있지요. 이분은 본디 우주의 높은 차원에서 왜란 극복의 사명을 띠고 지구에 파견된 선인이었습니다. 당시 우리나라는 풍전등화의 위기 속에 놓여 있었고 이를 극복하기 위해 분야별로 전문가인 선인들이 정예부대를 꾸려 조선 땅에 내려왔지요. 하지만 전쟁이라는 것이 워낙 변수가 많이 작용하는 것이라 성공을 확신할 수는 없는 상황이었다고요.

선조는 왕으로 태어나 사실상 리더 격이었지만 역할과 동시에 공부거리도 가지고 왔는데 그것은 변화무쌍한 인간의 마음을 조절하는 것이었다고 하죠. 그러나 그는 전쟁이라는 위기 상황 속에 일어나는 자신의 마음의 다양한 변화를 조절하지 못하고 결국 아들이었던 광해군도 제대로 역할을 하지 못하게 하는 계기가 되었죠.

— 『선조들의 답장 – 위기 극복형 리더, 이순신』, 도서출판 수선재

자신이 타고난 스케줄을 거부하는 사람도 있을 수 있지 않나요? 예를 들어 간호사라는 직업을 통해 삶과 죽음, 고통과 아픔을 이해하는 스케줄로 태어난 사람이 자유의지로 간호사가 되기를 거부했다면 그의 스케줄은 어떻게 전개될까요?

스케줄은 그 사람이 그 생에 배워야 할 바를 최적으로 배울 수 있도록 설정되어 있어요. 그러나 인간이기에 변수가 개입될 여지가 있어 제2, 제3의 스케줄이 예비되어 있는 것이 보통이지요. 만약 간호사가 되어야 할 사람이 간호사가 되기를 거부하거나 간호학과로 진학하지 않아 간호사가 될 수 없다면 간호사가 되는 것보다 훨씬 힘든 스케줄을 가야 하겠죠.

생과 사를 오가는 극한 상황을 공부해야 하는데 그것을 공부하기 위해서는 자살예방센터나 성폭력 예방 및 치유센터 등에서 일하는 것도 하나의 방법이지요. 그러나 자살예방센터나 성폭력상담소 등은 간호사와 달리 취직하기 쉬운 곳이 아니기에 취직에 대한 어려움이 훨씬 클 것이고, 취직이 안 되어 다른 일을 하면서 자원봉사로 그 일을 해야 한다면 에너지 소모가 크지 않겠어요? 따라서 제1의 스케줄에 의하여 간호사로 응급실에서 일하는 것이 배워야 할 바를 최단 기간 내에 쉽게 배우는 길이지요.

## 인간의 스케줄을 관리하는 신



이들이 인간들의 진화를 위해 노력하는 것은 인간들의 진화가 곧 자신들의 진화이고 만물의 진화이며 우주의 진화이기 때문이지요.


보호령을 비롯한 지구의 수많은 신과 만물들이 각자의 영역에서 인간의 진화를 위해 나름대로 역할을 하고 있어요. 이들이 인간들의 진화를 위해 노력하는 것은 인간들의 진화가 곧 자신들의 진화이고 만물의 진화이며 우주의 진화이기 때문이지요. 지구라는 별 자체가 고도의 진화를 위한 수련별로서 이곳에 있는 모두는 진화라는 흐름에 동참하며, 그중에서 인간의 진화 사이클이 가장 변화의 폭이 넓고 가능성이 높기 때문이지요.

신들은 인간들이 하늘의 스케줄에 의해 지구에 태어나는 순간부터 그 삶의 모든 과정에 관여하고 있어요. 세상에 아기가 태어나면 출생신고를 하고, 그 순간부터 그 아이는 한 나라의 국민 또는 주민으로서 국가와 사회로부터 보호와 통제를 받으며 살아가는 것과 같은 맥락이지요.

신들은 한 인간이 태어나 자신의 스케줄대로 살아갈 수 있도록 보호와 통제를 해요. 한 생의 스케줄이 끊어지지 않고 지속될 수 있도록 위해危害로부터 보호하고 때로는 스케줄에 의해 위해를 가하기도 하며 삶의 방향, 즉 타고난 팔자가 크게 벗어나지 않도록 조율하기도 하지요.

인간이 그렇게 스케줄대로 살아야 한다면 자신의 노력이 아무런 의미가 없는 것이 아닌가 생각할 수도 있으나, 자신이 갖고 태어난 스케줄이 자신의 노력에 의해 바뀌기는 어려운 일이지만 불가능한 것은 아니지요. 지성이면 감천이란 말이 있죠. 인간의 노력이 하늘에 닿으면 자신이 갖고 태어난 팔자도 바뀔 수 있어요. 하지만 방향 자체는 크게 바뀌지 않아요.

인간이 살아가면서 신들을 존경하며 잘 보이고자 정성을 들이는 것에는 그만한 이유가 있어요. 사람이 살아가면서 신들뿐만 아니라 만물을 존경하고 겸손하게 살아가는 것은 자연스러운 것이지요. 눈에 보이지는 않아도 선한 존재들의 도움을 받으며 살아가고 있으니까요. 인간들이 신들을 존경하고 공을 들이는 것은 바로 자신에게 행하는 것이 되고 하늘에 행하는 것이 되지요. 자신의 삶을 순리대로 살아가고자 하늘에 정성을 다하면 하늘도 그에 감응한답니다. 하늘에 정성을 들인다고는 하지만 결과적으로는 자신에게 정성을 들이는 과정이랍니다.

사람이 살다가 어느 날 갑자기 사고로 죽는 것은 인간이 보기에 어느 날 갑자기 죽는 것이지 신들이 보기에는 스케줄에 의해 한 치의 오차도 없이 계획대로 죽는 것일 경우가 많아요. 이런 경우 스케줄을 사전에 알고 신들과 하늘에 지성으로 공을 들여도 하늘에 닿기는 어려우며 명을 연장하기는 더욱 어려워요. 아까 스케줄의 방향 자체는 크게 변하지 않는다고 했지요. 그러나 정성을 다하면 사고를 다소 경미하게 지날 수는 있어요.

그 기준은 그 사람이 어떻게 살아왔으며 또 어떻게 살고자 하는가를 보는데, 그로 인하여 주변에는 어떠한 영향이 미칠 것인가를 먼저 봅니다. 아무리 긍정적으로 살아가는 사람이라도 그 사고의 경감으로 인하여 주변의 기운(스케줄)에 흐트러짐이 있어서는 안 되지요. 인간이 태어나면 담당하는 보호령이 있어요. 그러한 결정은 보호령의 제청에 의하여 상위의 신들이 결정하고, 사안에 따라서는 그 상위의 신들이 결정할 수도 있습니다.

# 유산과 낙태, 제왕절개는 아이 인생에 혼란을 유발시켜

**임신 후 사고로 유산을 하거나 인위적으로 낙태를 하면 어떻게 되는지요?**

임신을 해서 착상이 되면 예비서열이 정해져서 그 예비서열에 따라 어떤 영이 대기하고 있어요. 예비서열은 컴퓨터처럼 나오는 시간까지 계산해서 언제 어떻게 나올 것인가를 미리 정해놓지요. 그래서 창조를 담당하시는 분들은 그 영이 태어날 곳이 어디이고, 부모는 누구라는 것을 미리 알죠.

그런데 사고로 유산하거나 인위적으로 낙태를 하면 그 영은 태어날 기회를 놓쳤기 때문에 뒤로 돌려져 비슷한 속성을 가진 부모를 기다려야 하지요. 서열 1번이었는데 산모에게 사고가 생겨서 출생을 못 하면, 2번으로 그 다음번이 되는 것이 아니라 한참 뒤로 늦춰져 어떤 부모를 선택할지부터 다시 고려해야 하지요. 한번 순서를 놓쳤기 때문에 그 영은 쭉 뒤로 처져서 대기자에 들어가는 것이지요.

유산시키는 것이 왜 죄가 되느냐 하면, 보이지 않는 분들에게 그만큼의 수고를 끼치기 때문이지요. 이 영을 어떻게 세상에 내보낼 것인가를 검토하여 부모와 태어날 시간, 장소 등을 미리 정해놓았는데 예기치 않은 사고가 나서 그것이 어그러지면 처음부터 다시 검토해야 하거든요. 그런 면에서 상당히 수고를 끼치기 때문에 죄가 되는 것이지요. 심한 경우에는 그 영이 태어나지 못하는 경우도 있어요.

그 영이 잘못한 것도 아닌데 왜 그 다음에 태어나는 게 아니라 한참 뒤로 순번이 밀리는 거죠?

부모의 탓으로 선택된 것이기 때문에 그 영의 의사와는 상관없이 그렇게 되는 것이지요. 그래서 태어날 때부터 부모 원망을 많이 하는 아이가 있어요. 임신할 때 사주와 출생시간이 미리 정해지기 때문에 그 시간에 출생해야 할 영이 예비서열로 들어갑니다. 그런데 부모가 임의대로 시간을 바꿔놓으면 태어나야 할 시간이 아니기 때문에 그 영이 아니고 다른 영이 들어가야 하는 사고가 생깁니다.

그 영이 꼭 그 부모에게서 태어나야 하는 스케줄이면 시간이 바뀐다고 하더라도 어쩔 수 없이 태어나죠. 그러나 스케줄에 차질이 생겼기 때문에 태어나기로 예정되었던 사주가 아니라 바뀐 시간에 따른 사주를 가지게 됨으로써 태어날 때부터 인생에 착오가 생깁니다. 그렇기 때문에 아이가 무의식중에 부모를 원망하는 것이죠. 영은 알고 있으니까요.

어떤 사주를 좋은 사주라고 할 수 있을까요? 좋은 사주, 나쁜 사주를 어떤 관점에서 구분해야 할까요?

아이의 사주가 아무리 나쁘다 하더라도 아이는 그 시간대에 태어나야 하는 이유가 있어요. 태어나는 시간을 조정하면 사주가 달라집니다. 그것은 순리를 어그러뜨리는 일이므로 신중해야 합니다. '사주 좋다'는 것도 욕심이지요. 먼저 어떤 사주가 좋은 것인가에 대한 인식이 있어야 해요. 아무리 좋은 사주도 평생을 놓고 보면 안 좋은 면이 있는 법이거든요. 부모의 관점에서 좋다는 것일 뿐이지요.

돈을 좋아하는 부모이면 아이가 재복財福이 있다고 하면 다른 것은 다 눈감고 그것이 좋은 사주가 되는 것이고, 인생의 최고 가치를 성격이 온순하고 인간관계 좋은 아이를 만들어야겠다고 생각하는 부모라면 그런 아이가 사주가 좋은 것입니다. 그런 아이에게 재운이나 명예운이 안 따를 수가 있거든요.

무엇을 기준으로 하느냐에 따라 좋은 사주가 각각 다릅니다. 그것은 부모 마음이지 아이의 마음은 아니죠. 아이는 예술가적인 기질을 가지고 태어나기로 예정되어 있었는데, 부모가 운동을 하거나 사업가가 되거나 다른 쪽을 좋아하면 그 아이가 아무리 예술가적인 자질이 있고 다른 면이 좋아도 사주가 나쁘다고 얘기합니다. 관점이 상당히 일방적이지요. 그래서 인간의 머리로는 사주가 좋다, 나쁘다 하는 판단을 할 수 없어요. 다 좋은 면이 있고 나쁜 면이 있는데, 어떤 면이 좋으냐 나쁘냐 하는 것은 상당히 주관적이기 때문입니다.

예를 들어 어떤 분이 금년에 관운이 없어지는데 재운이 있는 사주가 나왔다면 그것이 무슨 의미일까요? 첫째, 다니던 직장에서 나와 새로운 일을 시작하여 떼돈을 버는 경우를 의미할 수 있겠지요. 그런데 직장을 나와 떼돈은

커녕 계속 실업자로 있다면 어찌 된 일일까요? 직장에서 퇴직금을 받아 한 꺼번에 목돈이 생겼으니 재운이 있는 것이죠. 돈이 필요한 사람에게는 그 해처럼 좋은 해가 없지요. 갑자기 목돈이 생기니까 그것을 기반으로 해서 뭘 해볼 수가 있는데, 관운 쪽으로 마음이 있는 사람에게는 재수 없는 해가 되겠지요. 그렇게 관점에 따라 평가가 상당히 주관적입니다.



옛날에는 자연분만을 했는데 근래 제왕절개를 하는 경우가 많죠. 제왕절개를 하는 경우 태어나는 아이의 사주가 달라지므로 인생이 달라지겠지요. 제왕절개를 해도 아이의 사주가 송두리째 바뀌지는 않습니다. 어느 정도 낳을 때가 되어야 제왕절개를 하지 7개월, 8개월 됐는데 터무니없이 빨리 제왕절개를 하지는 않으니까요.

따라서 사주를 구성하는 연월일시 중 '연'과 '월'은 대개 맞거나 차이가 난다 하더라도 한 달 이내입니다. 그러나 '일'과 '시간'은 차이가 나지요. 사주팔자에서 연과 월은 부모의 운세를, 일은 자기의 운세를, 시는 자식의 운세를 나타내므로 자연분만을 하든 제왕절개를 하든 부모의 운세는 크게 변화가 없지만, 제왕절개로 태어나는 자신과 자식의 운세는 바뀌겠죠.

그렇다 하더라도 엉뚱하게 180도 다른 운세로 태어나면 안 되기 때문에 신들이 예정된 날, 예정된 시간에 태어날 수 있도록 조정하여 비슷한 사주가 되도록 노력해요. 정 비슷한 시기에 태어나게 할 수 없으면 예비 영들과 바꾸는 경우도 있지요. 그 시간대에 태어날 다른 영과 바꿔치기하는 것입니다. 따라서 예정된 영이 아니고 전혀 다른 아이가 태어나는 수가 있어요. 시간대가 많이 바뀌어 어떻게 할 수가 없어 발생하는 사고로서 이런 경우 자기가 원치 않는 아이가 배정되는 것이지요.

제왕절개 받을 날짜와 시간을 받아 그 시간에 맞추어 시술하는 경우가 있는데 날짜와 시간을 받는다는 것은 아이에게 정성을 들이고, 노력을 하는 것이므로 정성을 참작해주기도 합니다. 그러나 매 상황이 다른 것이므로 일률적으로 말할 수는 없어요.

# 60년 마다 되풀이되는 동일한 사주팔자

60년 마다 동일한 사주팔자가 되풀이되는데, 이들의 살아가는 모습에 어떤 공통점과 차이점이 있는지요?

시간인자와 사주팔자라는 말이 있지요. 시간인자는 그 사람의 한평생에 있어 어떤 시기에 어떤 에너지가 몰려오는지를 결정하는 인자이고, 사주팔자는 인간의 스케줄에 관한 정보가 들어있는 여덟 글자로 이루어진 코드랍니다. 시간인자는 사주팔자와 같기도 하고 다르기도 하죠. 오늘 이 시각에 태어난 사람과 60년 전 오늘 같은 시각에 태어난 사람, 그리고 60년 후 오늘 같은 시각에 태어날 사람의 사주팔자는 같을 수 있어요. 그러나 태어난 시대적 배경, 즉 시간인자가 다르기 때문에 살아가는 모습이 다를 수밖에 없을 것입니다.

예를 들어, 조선 중기에 태어났던 허난설헌*이 지금 이 시대에 같은 사주를 가지고 태어난다면 시대적 배경이 다르므로 살아가는 모습이 당시와는 다를 수 있겠죠.

가부장적인 사회 분위기 속에 여성은 아이 낳아 잘 기르고 시부모님 잘 모시는 게 미덕이었던 그때는 여성의 지적인 재능이 뛰어난 것이 자랑할 거리가 못 되었죠. 조선 최초로 유선시(遊仙詩, 선경이나 신선을 노래하는 시의 일종)라는 분야를 개척하고 현재까지도 전해지는 아름다운 시를 지었던 허난

---

* 허난설헌(1563-1589) : 조선 선조 때의 여류시인으로 시를 통하여 자신의 불행한 처지를 노래했다. 홍길동전을 쓴 허균이 그의 동생이다.

설헌은 생전 자신에게 세 가지 한恨이 있다고 했답니다. 조선에 태어난 것과 여자로 태어난 것, 그리고 김성립의 아내가 된 것이 그것이라고 하지요.

그녀가 만약 현대에 태어났더라면 이혼과 여성의 사회활동이 자유롭기 때문에 27세라는 젊은 나이에 한스럽게 죽지 않았을 수도 있죠. 전생에는 죽어서 유명해졌지만 지금은 당대를 주름잡는 여류작가가 되었을지도 모르죠. 김성립과 결혼한 것이 한이라고 했으니 결혼은 안 했을 수도 있고요.

이렇듯 시간인자와 사주팔자는 이런 관점에서 보면 시간인자가 좀 더 넓은 의미를 품고 있다고 할 수 있지요.

사주팔자는 전체 스케줄의 25%에 해당하는 시간인자에 국한된 정보만 알려주는 것이 아니라 스케줄 전체에 관한 정보를 알려줄 수 있는 코드라지요. 따라서 사주팔자를 보면 유전자의 특성, 환경의 배치, 영성의 높낮이까지 알 수 있어요. 이것은 하늘이 인간을 내보낼 때 스케줄에 맞춰 정확하게 시간대를 지정하여 내보내기 때문이지요. 사주팔자를 남에게 알려줘서는 안 되는 이유이며, 사주팔자를 알면 스케줄의 90% 이상을 알 수 있어요.

시간인자는 사주팔자를 포괄하는 개념으로서 사주팔자보다 큰 개념이지요. 시간인자라는 말 속에는 환경적 요인, 시대적 요인 등을 모두 고려하여 사주팔자를 지정해준다는 의미가 포함되어 있어요. 그 사람의 운명과 소명, 사명에 따라 그에 합당한 시대에 태어나게 하거든요.

예를 들면 2014년에 태어난 사람과 그 60년 이전 1954년에 태어난 사람, 또 그 60년 이전 1894년에 태어난 사람의 사주팔자는 같을 수 있어요. 그러나 환경적 요인과 시대적 요인이 다르므로 삶의 모습은 판이하겠죠.

2014년에 태어난 사람은 고도정보화 사회에서 문명의 혜택을 누리며 편안하게 살 것이고, 1954년에 태어난 사람은 6·25전쟁의 폐허 속에서 태어나 어렵고 힘든 가운데 급격한 발전을 이루는 시대를 살아가고 있고, 1894년에 태어난 사람은 조선시대 말 혼란한 사회에 태어나 일본에 나라를 빼앗기고 일본의 식민통치를 받으며 한 많은 격동의 시대를 살다 갔을 것이니까요.

사주는 인간 세상의 큰 흐름에 비추어볼 때 진정한 의미를 알 수 있어요. 사주를 연구하는 이들은 사주보다 인간 세상의 큰 흐름을 먼저 알아야 할 것입니다. 인간 세상의 흐름을 모른 채 사주 자체만 보는 것에는 오류가 있을 수밖에 없습니다. 예를 들어 마이클 잭슨이 노래와 춤으로 큰 성공을 거둘 수 있었던 것은 TV와 비디오가 널리 보급된 80년대에 전성기를 맞이하는 타이밍에 태어났기 때문이지요.

이렇게 한 영이 태어나는 시기는 태어난 시간뿐만 아니라 시대적 상황을 고려하여 결정되지요.

## 바람직한 생을 보내는 방법

'잘 사는 삶, 행복한 삶이란' 어떤 것일까요? 돈이 많으면, 재산이 많으면 가능할까요? 아니면 권력이나 아름다움이 잘 사는 삶, 행복한 삶을 보장해줄까요?

2004년 4월 현대그룹의 정몽헌 회장이 자살하였지요. 정주영 현대그룹 창업자의 아들로 태어나 아버지 사후에 현대그룹을 상속받은 한국을 대표하는 거부가 자살하였어요. 보통사람이 생각하기에 그런 사람이 자살하다니 그 이유를 이해할 수 없었어요. 돈 많은 것이 '잘 사는 삶, 행복한 삶'을 보장해주는 것 같지는 않다는 생각이 들더군요.

중국의 4대 미녀 하면 서시, 왕소군, 초선, 양귀비를 꼽지요. 그 중 왕소군은 한나라 원제元帝 때의 궁녀로 절세의 미녀였어요. 한나라 때는 궁녀의 숫자가 3,000여 명에 이르렀기 때문에 황제가 함께 밤을 보낼 후궁을 선택하는 데 있어 춘향전에서 변학도가 기생 점고하듯이 일일이 얼굴을 보고 선택할 수가 없었어요.

그래서 궁중 화가 모연수에게 궁녀들의 초상화를 그리도록 하여 그것을 보고 마음에 드는 궁녀를 낙점했다지요. 궁녀들은 조금이라도 잘 그려달라고 화가에게 뇌물을 바치곤 했는데, 왕소군만은 미모에 자신이 있었기 때문에 뇌물을 주지 않았대요. 괘씸하게 생각한 모연수는 그녀의 얼굴을 실제와는 달리 매우 못생기게 그렸어요. 그러니 황제는 당연히 왕소군을 후궁으로 선택하지 않았지요.

그러던 중 흉노족의 왕 선우가 한나라의 미녀로 왕비 삼기를 청하여 왔어요. 당시 흉노의 침략에 시달리고 있던 한나라는 그 청을 들어주지 않을 수 없었어요. 황제는 추녀로 잘못 알고 있던 왕소군을 흉노로 보내기로 했지요. 왕소군이 흉노로 떠나는 날 왕소군이 인사차 황제를 알현했어요. 그때 천하일색인 왕소군을 직접 본 황제는 자신이 속았다는 생각에 화가 나 참을 수 없었어요. 그래서 엉터리 초상화를 그린 화가 모연수를 죽여버렸지요.

한편 왕소군은 어떻게 되었을까요? 그녀를 두고 지은 시에 '춘래불사춘'이라는 말이 있어요.

胡地無花草, 春來不似春.(호지무화초, 춘래불사춘.)

'오랑캐 땅에는 화초가 없으니, 봄이 와도 봄 같지 않구나'라는 말로서 오랑캐 땅인 만리장성 너머 땅에는 메마른 사막으로 이루어져 화초가 자라지 않을 것이나 봄이 와도 꽃이 피지 않아 봄이 와도 봄이 온 것이 느껴지지 않을 것이라는 말이지요. 왕소군은 비록 천하절색으로 태어났지만 흉노로 시집가서 고국을 그리워하다 일찍 죽었다고 합니다.

이를 보면 '아름다운 외모 탓에 오히려 평범한 사람들보다 못한 삶을 살게 된 것은 아닌가?' 하는 생각이 들고요. 왕은 또 어떤가요? 정사에 힘쓰고 백성들을 위해야 할 왕이 매일 자신과 잠자리할 여자를 고르는 데 고심하는 모습이나, 왕소군의 얼굴을 추녀로 그렸다고 화가를 죽이는 것이나, 또 주변국의 눈치를 보느라 자신의 여자도 자기가 지킬 수 없는 형편을 보면 절대 권력이 그 삶을 아름답게 해주지는 않는 것 같군요.

그럼 어떤 삶을 살아야 할까요?

이번 생이 전생에 내가 계획한 것이라는 사실이 놀랍기도 하고 한편으로는 '당연한 일이 아닌가?' 하는 생각이 들기도 합니다. 앞서 말씀 드렸던 '맹구우목'이란 말처럼 인간으로 태어나기가 그렇게 어렵다고요. 그 어려운 관문을 뚫고 생명을 받아 태어난 나라는 존재가 아무 계획도 없이 우연히 태어난 것이 절대로 아니겠지요.

나 자신은 너무나 소중하죠. 이렇게 소중한 나라는 존재가 반드시 태어나야만 할 특별한 목적이 있겠지요. 그러므로 이 소중한 생명의 기간을 헛되이 보내서는 안 되겠어요. 그렇다면 어떻게 생을 어떻게 보내는 것이 바람직할까요?

바람직한 생을 보내는 방법에 대해 쉬우면서도 깊이 있게 풀어놓은 글이 있어 옮겨봅니다.

생을 보내는 방법에는 여러 가지가 있다.

하나는 다른 사람의 도움을 받으며 지내는 것이요,

하나는 다른 사람에게 도움을 주며 지내는 것이다.

이것도 저것도 아닌 생은 아무것도 아닌 것이다.

사람으로 태어난 이상 어딘가 모자라는 게 있으며, 남는 것도 있는 것이다.

이 부족한 부분을 채우고 남는 부분을 나누어 주기 위해서는

자신에게 무엇이 남고 무엇이 부족한가를 알아야 한다.

이 남는 부분과 부족한 부분을 알아내는 것이 공부이다.

나에게는 무엇이 남는가? 무엇이 부족한가?

어떠한 면에서도 절대로 부족한 것과 남는 것이 있는 것이 사람이다.

사람으로 태어난 이상 모든 것이 평균일 수는 없다.

이 부족한 것을 얻고, 남는 것을 남에게 주는 과정이 바로 공부인 것이다.

공부란 무엇을 할 것인가, 어떻게 살아야 할 것인가를

항상 확인하며 사는 방법을 알아내는 것인데,

이러한 과정 중에 자신의 모난 부분을 찾아내는 것이야말로 가장 중요한 부분

이다.

밖으로 모난 부분도 있으며, 안으로 모난 부분도 있는 것이니,

밖으로 모난 부분은 남는 부분이며, 안으로 모난 부분은 부족한 부분인 것이다.

남는 것도 잡념의 원인이 되는 것이요,

부족한 것도 잡념의 원인이 되는 것이다.

이 모든 것을 깎아 내어 원형에 가까운 자신을 만드는 것이 공부인 것이다.

대부분의 인간들이 부족한 것을 메우며,

넘치도록 남아도는 것까지도 더욱 가지려고 애쓰며 살지만,

남는 것은 결국은 부담이 되는 것이며, 부족한 것은 한이 되는 것이다.

부담이 되는 것도, 한이 되는 것도 결코 가는 길에 도움이 되지 않는다.

공부란 자신이 가져야 할 만큼 가지는 것이니,

가져서는 안 될 것은 가지지 않는 것 또한 공부인 것이다.

이것을 알아내는 것은 공부로써만이 가능하다.

공부란 자신을 살펴보는 것이며,

자신을 살펴 남는 부분과 부족한 부분을 확인하고,

남는 부분은 부족한 사람에게 나누어 주고,

부족한 부분을 자신에게 줄 수 있는 사람을 찾아 받아내는 것이다.

자신에게 부족한 부분을 줄 수 있는 사람을 찾아내는 것은,

자신의 부족한 부분이 어디인가를 알아내는 과정 다음에 오는 공부이다.

자신에게 남는 것을 줄 수 있는 사람을 찾아내는 것 역시

자신에게 남는 것이 무엇인가를 알아낸 후의 공부 과정이다.

이 모든 것을 알고 난 후에도 또한 그러한 인연을 만들어야 하는 것이니,

이러한 인연을 스스로 만들지 못하면,

자신에게 필요한 부분과 남는 부분을 줄 수 있는

가장 비슷한 처지의 사람을 찾아야 하는 것이다.

많이 남는다고 잘 살아온 것이 아니며, 많이 부족한 것 역시 잘 살아온 것이 아
니다.

심적, 물적으로 세상에 빚을 지고 살아가는 것은 부담이 되니만큼,

가급적이면 남는 것을 찾아서, 나누어 주며 가는 길을 택하는 것이

가볍게 갈 수 있는 방법이 되는 것이다.

육신을 가지고 살아온 시점부터 계산하여 자신의 삶의 방법을

다시 한 번 생각해 보는 기회를 가지고

지금부터 어떠한 방법으로 살아갈 것인가,

무엇을 하며 살아갈 것인가를 점검해보는 것이 좋다.

- 『한국의 선인들』 2권, 도서출판 수선재, p242

인간으로 태어난 이상 그 누구도 완벽한 사람은 없지요. 모두들 자신의 남
는 부분과 모자라는 부분을 상대방에게 사랑이라는 이름으로 나누어주고,
또 받으면서 살아가는 거겠죠. 원래 서로 도우며 조금씩 나아가며 사는 것
이 삶인데 언제부터인가 우리네 인생은 더 많이 가지려 애쓰고, 눈앞의 이
익 때문에 진짜 소중한 것을 보는 눈을 잃어버리게 되었어요. 안타까운 현
실이지요.

본디 공부라는 것은 남는 것은 덜어내고, 모자라는 것은 채워서 자신의 모

습을 우주의 모습인 원형에 가깝게 깎아내는 과정이라는 것이지요. 주변의 사람들은 그 공부를 도와주는 분들이고요. 이 글을 읽고 오늘부터라도 다른 시야로 자신의 삶을 둘러보세요. 육신을 가지고 살아온 시점부터 계산하여 자신의 삶의 방법을 다시 한 번 생각해보시고요. 명상이란 다른 특별한 게 아니지요. 하루하루의 일을 반성하고 새롭게 나아가는 것이지요.

다섯째마당

아름다운
# 죽음이란

다섯째 마당 ● 아름다운 죽 음 이 란

## 삶과 죽음은 동전의 앞뒷면



죽음이라고 하면 무섭고 피하고 싶은 것이라는 생각이 들어요. 죽음에 대해서 어떻게 생각해야 할까요?

죽음은 인간으로 태어나는 순간부터 피해갈 수 없는 숙명이지만 가능하다면 회피하고 싶은 것이 본능이기도 하지요. 그래서 사람들은 되도록 죽음에 대하여 생각하지 않으려 해요. 그러나 생각하지 않으려 한다 하여 생각하지 않을 수 있는 문제는 아니지요.

보통 사람들이 죽음에 대해 보이는 태도는 두 가지에요. 첫째는 자신이 언젠가는 죽을 수밖에 없는 존재라는 것은 전혀 생각지 못하고 천년만년 살 것처럼 행동하는 것이고요. 둘째는 '죽으면 만사가 끝'이라는 생각에 사로잡혀 생명 연장과 물질적 쾌락에만 집착하는 모습을 보이는 것이에요. 둘 다 바람직한 태도는 아니에요.

죽음에 대한 인식과 신념에 따라 인간의 죽음에 대한 태도는 천태만상이지요. 게다가 죽음은 갑작스럽게 다가오기 때문에 인간 진화의 정도와 품위는 죽음의 순간에 결정된다고 해요. 왜냐하면 죽음이라는 것이 짧은 순간에 한 인간의 모든 것을 볼 수 있는 결정적인 타이밍이기 때문이에요.

『달과 6펜스』를 쓴 영국의 소설가인 서머싯 몸(Somerset Maugham,

1874-1965)은 임종 당시 조카에게 "죽는다는 건 참으로 지루하고도 쓸쓸한 일이야. 가능하면 엮이지 않는 편이 좋을 거야"라고 말했다고 하죠.

또한 고대 그리스의 작가인 호메로스의 서사시 『일리아스』에는 이런 구절이 있지요. 지하 세계로 아킬레우스를 찾아 온 오디세우스에게 아킬레우스가 "빛나는 오디세우스여! 내 죽음을 위로하지 마오. 나는 죽은 자들 모두의 왕이 되기보다 가진 땅도 별로 없는 그런 사람의 노예가 되어 쟁기 뒤를 따라가는 것을 선택하겠소"라고요.

작가라고 하면 어느 정도 깨인 사람일진대 죽음에 대해 이렇듯 부정적인 시각을 가진 것을 보면 사람이라면 누구를 막론하고 죽는 것을 싫어하는 법이겠지요.

그래서 죽음이란 말을 입에 올리면 재수가 없다고 생각하는 사람도 있어요. 그러다 보니 죽음을 일상 대화의 주제로 올리기조차 꺼립니다. 특히 우리나라의 경우엔 죽음에 대해 얘기하는 것을 터부시하는 경향이 강한 것 같아요. 죽음을 터부시하는 근본적인 이유는 죽음에 대하여 두려움과 공포를 느끼기 때문이라 할 수 있어요. 잘 알지 못하니까 되도록 그 주제에 대해선 피하고 싶은 거지요.

그러나 삶과 죽음은 동전의 양면과 같은 것이에요. 삶이 있기에 죽음이 있고, 죽음이 있기에 삶이 있어요. 만약 죽음이 없다면 삶이 어떻게 될까요?

영원히 행복하기만 할까요? 90년대 인기를 끌었던 '죽어야 사는 여자(미국, 1992)'라는 영화가 떠오르는군요.

이 영화의 주인공인 두 여자, 헬렌과 매들린은 오랜 앙숙관계였죠. 헬렌의 남자친구를 뺏어 결혼까지 한 매들린, 그리고 그 충격으로 정신병원에 간 헬렌. 그 후 7년이 지나 헬렌은 퇴원합니다. 치료가 아주 잘 되었는지 전보다 젊고 아름다운 모습으로요. 그 모습에 질투가 난 매들린은 성형외과에 찾아가지요. 그곳에서 매들린은 누군가를 소개받아요. 매들린은 소개받은 신비의 여인을 찾아가죠. 그 여인이 매들린에게 약병을 하나 주는데 그것은 영원히 젊음을 유지해주는 신비의 묘약이었어요. 불로장생을 위해 진시황이 평생 찾던 그 불로초처럼요.

둘은 그 후 만나 서로 죽이지 못해 안달이 되죠. 그리고 서로를 죽이기도 합니다. 그러나 이게 웬일? 계단에서 떨어져 목이 비틀렸는데도 되살아난 매들린과 배에 총을 맞았는데도 구멍만 뚫리고 죽지 않는 헬렌. 알고 보니 둘 다 신비의 묘약을 먹었던 것이죠. 그들은 자신들이 좋아했던 남자친구에게도 신비의 묘약을 먹이려 하죠. 그는 순간 혹하다 거부합니다. 이렇게 말하면서요.

"난 영원히 살고 싶지 않아. 그럼 난 영원히 뭐해? 따분하면 어떡해? 외로우면 누구와 함께 지내? 다른 사람은 다 늙을 거야. 그럼 난 내 주변 사람들이 죽는 걸 보고 있어야 하는군. 이건 옳지 않아. 이건 환상적인 꿈이 아니라

악몽이라고.”

사람은 죽어 없어져도 그와 추억을 함께한 자식과 주변 사람들의 기억 속에 그는 살아있지요. 생전 가슴이 따뜻했던 사람은 죽어서도 사람들의 가슴 속에 남아 있을 것이고, 덕을 베풀었던 사람은 죽어서도 그 덕이 다른 사람에게 미치는 것이죠.

삶이 말 그대로 삶이 될 수 있는 이유는 죽음이 있기 때문이지요. 또 죽음이 있기 때문에 삶을 더 잘 살 수 있는 계기도 되고요. 어디로 가는지도 알 수 없는데 삶이 계속된다고 생각해보세요, 얼마나 답답하고 지루할까요? 시작이 있으면 끝이 있듯 삶과 죽음이라는 동전의 앞뒷면 중 앞면 즉, 삶 한 면만을 보며 사는 것이므로 온전한 삶이라고 할 수 없겠지요.

인간들이 죽음에 대하여 두려움과 공포를 느끼는 이유는 무엇일까요?

보통 사람들이 무언가에 두려움이나 공포를 느끼는 것은 그 대상에 대하여 잘 모르기 때문이지요. 예를 들어 한밤중에 길을 가다가 어두운 골목 구석에 검은 물체가 쌓여있는 것을 보면 깜짝 놀라지요. 그러나 두려움을 무릅쓰고 가까이 다가가 그것이 버려진 폐품을 쌓아놓은 것임을 알게 된다면 두려움은 씻은 듯이 사라지지요.

우리가 그토록 죽음을 두려워하는 이유도 마찬가지 아닐까요. 그것은 죽음에 대하여 잘 모르기 때문입니다. 잘 안다면 무턱대고 두려워할 필요가 없지요.

두 번째 이유로는 모든 생명체가 그러하듯 '살고 싶다'는 본능의 작용으로 죽음 자체를 싫어하는 것이지요. 살면서 친숙했던 모든 것들과 이별하고, 알지 못하는 미지의 세계로 떨어질지 모른다는 불안감이 작용하기 때문이죠.

세 번째 이유를 들자면 대부분의 사람들이 죽으면 끝이라고 생각하기 때문이지요. 과연 죽음이 끝일까요? 죽음은 끝이 아니에요. 죽음은 인간 진화 과정의 하나로서 단지 현재의 삶이 끝났을 뿐이지요. 지구별 대한민국 서울에서 유○○으로 태어나 살던 배역이 끝났을 뿐, 나라는 존재가 사라지는 것이 아닙니다. 다른 곳에서 다른 배역이 주어지겠지요. 그렇게 생각하면 슬프지도 서운하지도 않을 수 있습니다.

눈도 귀도 안 들렸지만 어려움을 딛고 박사학위까지 딴 미국의 사회운동가 헬렌 켈러는 언젠가 죽음에 대해 이렇게 아름다운 말을 남겼답니다.

"죽음이란 이쪽 방에 있다가 저쪽 방으로 가는 것에 지나지 않아요."

실제로 그렇죠. 죽음이라는 것은 이쪽 차원에서 저쪽 차원으로 넘어가는 것이지요. 육신은 죽어 없어지더라도 영혼까지 없어지는 것은 아니니까요. 헬렌 켈러는 보지도 듣지도 못한 대신 그녀는 자신의 내면에 더 잘 집중할 수 있었죠. 그 덕에 삶의 본질에 대해 일찍 깨달았던 것 같아요.

죽음에 대해 사람들이 두려워하는 이유 중 마지막은 바로 삶에 대한 후회 때문이겠지요. 내일 당장 죽는다고 했을 때 떳떳한 사람은 흔치 않아요. 대부분의 사람은 당황하면서 살아온 과정을 후회할 거예요. 좀 더 사랑할 걸, 좀 더 베풀 걸, 좀 더 성실하게 살 걸……. 그래서 지금부터라도 하루를 살아도 하늘에 한 점 부끄러움이 없도록 살아가려는 노력이 필요한 것이지요.

메멘토 모리(Memento Mori)라고 들어보셨죠? '죽음을 기억하라' 또는 '죽는다는 것을 기억하라'를 뜻하는 라틴어인데요.

어디서 유래되었는가 하면 로마제국 시대에 전쟁에서 승리한 개선장군이 얼굴에 붉은 칠을 하고, 네 마리의 말이 끄는 마차를 타고 로마 시내를 행진하는 관습이 있었어요. 이때 붉은 칠을 한 개선장군의 마차 뒤에서 노예들로 하여금 외치게 했던 말이 바로 '메멘토 모리'라는 경고문이었지요.

전쟁을 승리로 이끈 개선장군을 위해 얼굴에 붉은 칠을 함으로써 퍼레이드 하는 동안만큼은 신의 반열에 올려 존경심과 경의를 표현하였지만 노예들로 하여금 '죽는다는 것을 기억하라'는 뜻의 '메멘토 모리'를 외치게 하여 쿠데타나 시민을 위해危害하려는 개선장군의 오만과 잘못된 판단을 경계하고 경각심을 심어주기 위한 장치였지요.

현대를 살아가는 우리도 '메멘토 모리'를 기억하고 살아간다면 삶의 모습이 지금과는 많이 다르지 않을까요?

## 죽음은 영혼과 육체의 분리



일반적으로 의학에서는 심폐사心肺死를 사망 시점으로 정의하지요. 심폐사는 호흡, 심장, 그리고 뇌 활동이 모두 정지된 상태를 말하며, 심폐사의 판정에는 세 가지 기준이 사용되지요.

첫째, 호흡, 즉 폐의 기능이 정지하는 것입니다.
둘째, 심장의 기능이 정지하여 맥박이 멎는 것입니다.
셋째, 뇌의 활동이 정지하는 것입니다.

그러나 심폐사 이후에도 피하조직이나 머리카락 같은 세포들은 수일간 더 살아남아 있을 수 있어요. 그러므로 완전한 죽음이란 단순히 심폐사 혹은 뇌사와 같은 한 순간의 사건이 아니고 수 시간 또는 수일 동안 이루어지는 하나의 과정이라고 볼 수 있지요.

그러나 영혼의 관점에서 보면 사망의 시점은 '뇌사'로 본답니다. 호흡이나 심장박동은 기계에 의하여 어느 정도 유지가 되나 뇌의 기능은 기계로 대신할 수 없을 만큼 정교한 부분이며, 사람을 사람답게 만들어주는 대표기관이 뇌지요. 또한 한 사람의 특성을 가장 잘 설명해주는, 즉 그 사람만의 정체성을 대표해주는 기관이 뇌이기도 하고요. 뇌사 시 장기이식을 허용하는 것

도 같은 이유이지요. 뇌사 이후 깨어나는 경우가 있기도 하나 그것은 그야
말로 아주 특별한 경우라고 할 수 있지요.

뇌는 컴퓨터에 비유해볼 때 CPU와 같은 존재로서 인체의 모든 기능들을
조절하고 유지시킬 수 있는 사령부와 같은 것이에요. 이러한 뇌가 완전히 정
지되어 작동이 불가능하다 함은 곧 육체의 모든 기능들이 본래의 기능을
상실한 것과도 같다 할 수 있어요. 육체는 영이 지구별에서 활동하기 위한
우주복과 같은 것이지요. 우주복의 기능이 정지되어 더 이상 사용이 불가
하면 그걸 벗어 던지듯이, 육체의 기능이 정지되면 육체를 벗어 본래 왔던
자리로 되돌리게 되지요.

사망의 시점으로 보는 뇌사 상태란 의식의 활동이 정지된 상태를 말하지
요. 의식이 없는 상태에서 인간의 영혼은 자신과 주변 상황을 인식할 수
없어요. 자신이라는 인식을 하지 못하며, 생명체로서 의식이 떠나 이성적
판단이나 사고가 마비된 상태이지요.

뇌는 크게 상위, 중위, 하위 뇌로 구분할 수 있어요. 대뇌피질로 구성된 상
위 뇌는 지각, 사고, 판단, 운동, 감각 등을 담당하고, 중위 뇌는 간뇌(시상,
시상하부, 뇌하수체)와 변연계, 기저핵으로 구성되어 감정, 본능, 자율신
경, 내분비계 등을 담당하며, 하위 뇌는 생명유지의 중추로 뇌간(중뇌, 연
수, 뇌교)과 소뇌, 척수로 구성되어 있지요.

현행법상 뇌사도 사망으로 인정하고 있어요. 뇌사는 이런 뇌의 모든 기능이 상실된 상태이며, 특히 생명유지 중추인 뇌간이 기능을 상실한 경우로 인공호흡장치를 제거하면 호흡과 심장박동이 정지되므로 회복이 불가능하다고 판단하여 사망이라고 진단하고 있어요. 뇌사를 사망으로 진단하는 것은 불필요한 연명치료를 막을 수도 있으며 심장이 뛰는 동안 장기를 이식할 수 있는 기회를 제공하는 의미도 있어요.

그러나 장기간 식물인간인 경우 뇌사와는 달리 뇌간의 기능이 상실된 것이 아니라 대뇌의 전반적인 부분만 손상을 입은 경우로서 인공호흡기를 착용하는 경우도 있지만 보통은 스스로 호흡과 심장박동, 체온조절과 대사 작용을 할 수 있으므로 뇌사자와는 달리 살아있는 인간으로 보지요. 그러므로 장기간 인공장치에 의해 생명을 연장하고 있다 할지라도 사망으로 진단할 수는 없어요.


죽음이란 영혼이 몸이라는 허물을 벗어버리는 것이라고 표현한 분도 있더군요.

　우리가 지구에 보내져 수업을 다 마치고 나면 몸은 벗어버려도 좋아.

　우리의 몸은 나비가 되어 날아오를 누에처럼

　아름다운 영혼을 감싸고 있는 허물이란다.

　때가 되면 우리는 몸을 놓아버리고 영혼을 해방시켜

걱정과 두려움과 고통에서 벗어나 신의 정원으로 돌아간단다.

아름다운 한 마리의 자유로운 나비처럼 말이야.

실은 생사학의 창시자인 엘리자베스 퀴블러 로스가 한 죽어가는 아이에게 쓴 편지라고 해요. 또 20년간 영계와 지옥을 보고 왔다고 하는 스웨덴의 신비주의자 스웨덴보그는 죽음을 영의 입장에서 본다면 단지 육체 속에 살고 있었던 한 영혼이 죽음으로 인해 육체에서 빠져나와 다른 세상, 영들의 세상으로 떠나는 것에 지나지 않는다고 했지요.

우주공간에 존재하던 나의 영이 출생과 함께 태아의 육체 속으로 들어와 일생을 함께하다 죽음과 동시에 그 영은 생전의 평가에 따라 갈 곳이 정해진다고 해요. 본래 온 곳으로 갈 수도 있고, 살아있을 때 공부를 잘한 경우 원래 왔던 곳보다 높은 차원의 곳으로 갈 수도 있고, 공부를 잘못한 경우엔 일정 기간 수업을 받고 다시 환생을 한다거나 대기상태에 있어야 하는 경우도 있지요.

**죽음의 순간이 온다면 무척 두려울 것 같아요. 사람은 어떻게 죽나요?**

저도 자세하게 알지는 못 하지만 제가 명상을 하며 배운 바에 의하면 죽어가는 과정은 무척 힘이 든다고 해요. 태어날 때에도 고통 없이 태어나지는 않지요. 아기들이 기억을 못해서 그러지 어머니의 자궁 속에서 밖으로 나오기까지 긴 시간을 좁은 터널을 통과하여야 하거든요. 그만큼 경건하게 준비해야 할 필요가 있죠.

평소 아무리 죽음준비를 잘한다고 해도 막상 죽음의 순간을 맞이하면 힘이 들지요. 아픈 사람일 경우 병이 진행됨에 따라 지금까지 할 수 있었던 일들을 할 수 없게 되고, 일상의 식사, 배설 등 기본적인 일조차 다른 사람에게 의존해야 하니까요.

한 사람의 독립적인 인간이었다가 점점 다른 사람에게 의지해야 하는 것이 많아지면서 마음으로 포기해야 할 것도 많고, 또 날로 약해져 가는 자신의 신체의 바라보는 것도 괴로운 일이지요.


고통스럽게 투병생활을 하던 환자가 죽음의 순간을 맞이하고 있어요. 환자는 힘들게 숨을 들이마시고 내쉬고를 계속하고 환자의 가족들은 겨우 눈물을 참고 환자를 지켜보고 있어요. 지금 이 순간 그 누구도 말을 하지 않지요. 서로의 눈을 쳐다볼 밖에는.

갑자기 환자의 호흡이 정지되는군요. 깜짝 놀라는 가족들. 그러다 다시 힘겹게 호흡을 시작하는 환자. 시간이 흐를수록 환자의 호흡은 눈에 띄게 약해져 갑니다. 그 전에 환자는 유서를 써두었고, 가족들이 가는 길을 지켜보고 있습니다. 부디 가는 길 편안하게 가시라고 기도하면서 말이죠.

고통스러운 시간들이 지나고 모닥불이 사그라지듯 환자의 호흡과 심장이 멎어 들어요. 세상의 모든 것들이 멈춘 것 같은 정적이 흐르고 한 사람의 생이 미감되었어요. 지켜보고 있던 의사가 '임종했습니다'라고 사망을 선언하고, 옆에서 '아버지' 또는 '어머니'라고 울면서 부르는 자식들의 목소리가 들리는군요.

숨이 끊어진 환자에겐 더 이상 자신을 괴롭히던 통증이 느껴지지 않아요. 대신 말할 수 없는 평안이 밀려옵니다. 생존 시에서는 느껴보지 못한 충만한 감정, 고통스러울 것이라는 생각과는 달리 하늘로 둥실 떠오르는 것 같은 환희가 느껴지지요. 이 세상에 미련이 없는 것은 아니지만 자신이 할 수 있는 일은 더 이상 없다는 것을 깨달아요.

호흡과 심장이 정지하자 인체의 세포들이 전깃불이 차례로 꺼지듯 하나하나 활동을 정지하기 시작하죠. 심장에 자리 잡고 전신의 신경망을 따라 분포하였던 영도 그 지체들을 심장으로 거두어들이죠. 부드럽게 거두어지는 사람도 있으나 대부분은 부드럽게 거두어지지 않고 무거운 물체에 눌린 밧줄을 뽑아내듯 억지로 힘을 주어 당겨야 가능하지요. 영체의 색깔은 쉽게 모인 부분은 약간 붉은색을 띠고 있으나, 억지로 당긴 부분은 변색되어 검은색이 포함된 붉은색이군요.

힘겹게 심장에 모인 영체들이 백회로 이동해요. 백회가 문처럼 굳게 잠겨있어 영체가 헤딩하듯 자꾸 부딪히지요. 몹시 힘이 들었지만 드디어 문이 열리고 몸 밖으로 빠져나오지요. 백회를 빠져나오느라 너무 힘이 들어 정신이 멍하면서 어찌할 줄 몰라요. 남겨진 자신의 육신을 내려다볼 여유조차 없지요.

　이진사는 이러 저러한 생각을 하고 있던 중 몸이 가벼워짐을 느꼈다. 육신의 무게가 점차 줄어들고 있었던 것이다. 허나 일어서려 하자 일어서기가 상당히 불편하였다. 이러한 일은 아직까지는 없었던 일이었다. 몸이 무거우면 좌우가 동시에 무겁지 한쪽으로 쏠려서 감각이 치우친 적은 없었기 때문이다.

앞에 무엇인가가 보였다. 많은 사람들이 보이고 있었다. 돌아가신 아버지가 보였다. 동네 분들 중 돌아가신 분들도 보였다.

이진사는 다시 일어서보려 하였다. 그러자 몸은 그대로 있는 상태에서 기운으로 일어서지는 것 아닌가? 이진사는 너무나 놀랐다. 이렇게 향천을 하는 것인가? 몸은 그대로 앉아 있었다. 그런데 자신이 일어선 것이다. 다시 앉아 보았다. 그대로 앉아졌으나 몸을 비켜 앉아지는 것이었다. 이미 몸과 하나가 아닌 둘이 되어가고 있었다.

"이렇게 떠나는 것이구나."

이진사는 일어선 채 남겨져 있는 몸을 바라보았다. 이진사를 육십여 년간 싣고 온 육신은 가만히 눈을 감고 앉아 있었다. 더없이 평화로운 얼굴이었다. 이만하다면 이제는 떠나도 되리라. 저렇게 평온한 얼굴은 아무에게서나 나올 수 없는 얼굴이었다.

- 『소설 仙』 1권, 도서출판 수선재, p194

누웠다가 몸을 일으키는 경우 생전에는 일어났다 그대로 그 자리에 다시 누울 수 있지요. 그러나 죽으면 육체와 영혼이 분리되지요. 죽으면 누웠다가 몸을 일으키는 경우 영혼이 몸으로부터 분리되어 몸은 그냥 누워있고, 영혼만 분리되어 일어난다고요. 몸에서 분리된 영혼은 몹시 당황하여 다시 몸으로 들어가려 하나 들어갈 수가 없지요. 이에 영혼은 어찌할 줄 모르며 몸에서 떠올라 가족에 둘러싸여 있는 자신의 몸을 위에서 내려다본다고요.

**사람이 죽고 난 뒤 영혼과 육체는 어떻게 분리되나요?**

생명은 영혼靈魂과 육체의 결합이며, 이것이 분리되는 시점이 죽음의 순간이지요. 이 시기는 일반적으로 호흡과 심장이 멎는 상태를 의미해요. 생명生命에서 생生이 거두어지고 명命으로 회귀하는 것으로서, 생이 거두어진다 함은 영이 육체에서 빠져나와 육체의 생명활동이 멈춤을 말하지요.

인간에게 이 순간은 약간씩 차이가 있어요. 영혼과 육체가 바로 분리되는 경우가 있고, 시간이 걸리는 경우도 있지요. 바로 분리되면 될수록 진화가 많이 된 것이며, 시간이 오래 걸린다는 것은 그만큼 영혼과 육체의 분리를 원치 않는 여러 요소가 붙잡고 있음을 말하는 것이지요. 그 요소란 본인의 죽고 싶지 않은 마음, 주변인의 보내고 싶지 않은 마음이 중요하게 작용하며, 육체가 지상에 더 머물고 싶은 의지 때문이기도 해요.

본래 온 곳을 알고, 마음으로 생명의 기간을 정리하였다면 쉽게 분리가 되나, 그렇지 못하다면 분리되는 데 시간이 많이 걸리지요. 갈 때가 되면 자연스럽게 가야 한다는 의식이 본인의 마음속에 확고할 경우, 이것이 육체에 영향을 미쳐 더 남고 싶은 육체의 의지를 정리하게 만드는 것이에요.

병원에서 죽음을 맞이하면 바로 시체안치실로 보내져요. 그런데 죽음을 맞이했다 하더라도 세포 하나하나까지 모두 죽은 것은 아닙니다. 세포 하나하나까지 다 죽으려면 며칠이 걸려요. 영혼과 육체가 분리된 후에도 육체의 생명력은 한동안 지속된다고 볼 수 있어요. 이 기간은 풍선에서 바람이 빠지는 것과 같이 처음에는 빠르게 진행되나 마지막은 시간이 걸리는 것과 같습니다. 보통은 1~3일 걸려요.

실은 이 기간 동안 시체를 안치실의 냉장고 안보다는 쾌적한 상태에 두는 것이 필요하지요. 그래서 임종은 집에서 맞이하는 것이 좋아요. 자기가 살던 곳, 익숙한 환경이면 육신에서 분리된 영이 안정이 되어 우왕좌왕하지 않을 수 있거든요. 영이 빠져나왔다고 하더라도 시신 주변에 얼마간 머물러 있기 때문이지요. 어디로 가야 할지를 모르고, 어떻게 해야 좋을지를 몰라서 그 주변에 머물러 있어요. 그러니까 병원과 같이 생소한 환경에서 갑자기 죽고, 냉동실로 들어가면 굉장히 충격을 받아요. 죽었다고 모든 것이 순식간에 바뀌고 알아지는 게 아니기 때문에 망자에 대한 배려가 필요하지요. 편안하게 죽음을 맞이할 수 있도록 하고, 죽어서도 한동안 익숙한 곳에 있도록 하고 말이죠.

허둥지둥 죽음을 맞이하지 않기 위해서는 죽음이 삶의 일부이고 삶의 마무리이며, 또 다른 차원의 삶으로의 전환임을 알려나가 죽음의 질을 높이고 죽음에 대한 의식을 바꿔야지요.

# 가족과 죽음 문제 이야기하기

부모, 자식, 형제들과 죽음에 대하여 자유롭게 얘기를 나누는 게 쉽지는 않아요. 만약, 부모님께 잘못 이야기를 꺼냈다간 '나보고 빨리 죽으란 소리냐'라고 생각하실 수도 있잖아요.

맞아요, 죽음 문제에 대하여 가족들과 자유롭게 이야기할 수 있는 사람은 드물죠. 특히 부모와 자식 사이에는 더욱 그러해요. 조금만 잘못 말하면 큰 오해를 불러올 수 있으니까요.

그러나 부모님이 돌아가신 후에 '장례는 매장으로 할 것인지, 화장으로 할 것인지, 매장을 한다면 선산에 모실 것인지 또는 공동묘지에 모실 것이지' 정도는 의논할 수 있지 않을까요? 자식들이 이야기를 꺼내기 전에 부모님이 먼저 의견을 꺼내는 게 좋겠죠.

그러나 유산문제에 대하여는 몹시 조심스러워요. "제 친구 아버님께서 갑자기 돌아가셔서 자식들이 재산을 가지고 다투는 것을 보았어요. 재산 때문에 형제간에 우애를 해치는 일이 없도록 재산을 먼저 나누어주시면 어떨까요?" 라고 말한다면 "오냐, 그래야지. 어차피 너희들에게 줄 것이니 그렇게 하자" 라고 할까요? 아니면 "이놈 봐라! 제 아비가 아직도 펄펄한데 벌써 재산을 탐내? 이것들이 나보고 어서 죽으라고 하는 거냐?"며 역정을 낼까요.

상속재산을 둘러싼 시비와 갈등이 가족 간에 많지요. 상속재산이 적으면 갈등이 적으나, 상속재산이 많으면 재산의 양만큼 갈등이 더 많이 생기는 것 같아요. 부모의 재산이 자식들 간에 우애를 증진시키는 것이 아니라 불화와 반목을 일으켜 서로 씻기 어려운 상처를 낳기도 하지요. 특히 일반인이 평생 벌기 힘든 거액의 유산 앞에서는 부모 형제 간의 정마저 뒷전이 될 경우도 있어요. 심지어 상속재산을 노려 부모를 살해하는 경우까지 있잖아요.

형제간의 상속 다툼이, 때로는 소송으로까지 번집니다. 이것은 '부모 재산이 곧 내 재산'이라는 의식 때문이며, 부모가 일궈놓은 재산은 당연히 자신의 소유여서 더 많이 받기를 원하는 무임승차적인 삶의 태도 때문인 것 같아요. 가족 간에 돈을 둘러싼 시비와 갈등으로 결국 부모의 재산은 자식들의 안녕과 행복이 아니라 자식들 간, 혈연 간의 불화와 반목으로 이어져 서로 씻기 어려운 상처를 받는 결과를 낳기도 하지요. 이와 같은 예는 쉽게 찾아볼 수 있어요. K그룹, H그룹 등 우리나라에서 손꼽는 재벌그룹의 상속 과정에서 형제간에 더 많은 재산과 경영권을 차지하기 위하여 싸우는 과정이 매스컴에 소개된 일이 있지요.

한편 유산을 가지고 자식에게 효도 경쟁을 시키는 부모도 있어요. '늙어서 자식과 연결되는 것은 돈이다'라는 신념으로 돈을 무기로 꽉 쥐고 있으면서 "나한테 잘하는 사람에게 물려주겠다. 어디 얼마나 잘하나 보자, 내 눈에 드는 사람 몫이다"라며 자식들 간에 효도 경쟁을 붙이고 신경전을 벌이게 만들어요.

자식들이 하기에 따라 매년 유언장을 다시 작성하여 재산분배를 수시로 변경한다고 자랑스럽게 말하는 사람이 있어요. 그분들은 말로는 형제간에 우애 있게 지내라 말하면서도 비교하고 경쟁해서 자녀들을 싸우게 만드는 어른으로서는 해서는 안 될 일을 하고 있으면서도 부끄러운 줄 모르더군요. 돈으로 사람의 마음을 조종할 수 있다고 굳게 믿고 있어요.


한편 젊은 사람에게 죽음 이야기를 하면 '내 나이 아직 새파란데 벌써 죽음이라니 말도 안 돼'라고 하겠죠. '태어나는 순서는 있어도 죽는 순서는 없다'는 말이 있지요. 젊다고 하여 죽음과 관계없을까요? 죽음이라는 말이 젊은 사람에게는 상관없는 말일까요? 젊은 사람은 죽는 일이 없을까요?

그렇지는 않죠. 하지만 죽음이라는 말이 주는 어감이 싫겠죠. 또 하루하루 살기도 바쁜 세상인데, 언제 올지도 모르는 죽음까지 어떻게 생각하느냐고 말하면서 죽음을 생각하지 않으려 하는 사람이 많아요.

말기암환자는 "내일 내가 다시 눈을 뜰 수 있을까 하는 생각을 하며 잠이 든다"고 합니다. 보통사람에게 '죽음'은 나와는 관계없는 먼 나라의 남의 이야기이지만 그들에겐 죽음은 현실이지요. 그렇다면 보통사람에게 과연 죽음이 먼 나라의 남의 이야기이기만 한 것일까요? 죽음은 나와는 상관없는 이야기일까요? 죽음은 항상 나를 피해갈 것인가요? 이 부분은 그 누구도 장담할 수 있는 문제가 아니지요.

인간은 이 세상에 생명을 받은 순간부터 죽음을 향하여 걸어가고 있어요. 그때가 언제인지, 그때에 얼마나 가까워졌는지를 모를 뿐이지요. 만일 말기 암환자처럼 죽음이 현실이 될 수 있다는 생각을 한다면 삶의 모습이 달라지고 생활이 더욱 경건해지지 않을 수 없겠지요.

인간에게서 가장 어리석고 이상한 점은 언제 다가올지 모르는 죽음에 대한 대비가 전혀 없다는 점이지요. 인류 역사상 죽지 않은 사람이 있습니까? 한 사람도 없습니다. 그럼에도 불구하고 마치 자신은 죽지 않을 것처럼 행동하지요. 그러다 죽음을 맞이하면 '어찌 나에게 이런 일이 생길 수 있어.' 하면서 허둥대고, 망연자실하며, 뜻밖이라는 듯이 한이 맺히면서 가는 모습을 보이지요.

# 인간은 날마다 죽고 날마다 새로 태어난다

죽지 않는 인간이 없는데 죽음을 낯설게 느끼고 생각하려 하지 않는 이유는 무엇일까요?

과학자들에 의하면 우리 몸의 세포 수는 60조 개에서 100조 개라고 합니다. 이 세포들은 수명이 있어 매일 일정량의 세포가 죽고, 날마다 그만큼의 새로운 세포가 생성됩니다. 세포의 평균수명은 25~30일이라고 하죠. 따라서 우리 몸의 1/25~1/30이 매일 바뀌어요. 이것을 달리 말하면 인간은 날마다 조금씩 죽고, 날마다 다시 태어난다고 할 수 있겠죠.

〈죽으러 달려간다〉

대학교 교정에서 학생이 막 뛰어가고 있었다. 이를 본 교수가 물었다.

"자네 어디를 그리 급히 가나?"

그러자 학생이 대답했다.

"도서관에 공부하러 갑니다."

교수가 다시 물었다.

"도서관에서 공부하면 무엇하나?"

학생이 대답했다.

"좋은 직장에 취직을 합니다."

다시 교수가 물었다.

"좋은 직장에 취직하면 어떻게 되나?"

학생이 대답하고,

"예쁜 여자를 만나 결혼을 하고, 행복하게 삽니다."

또 교수가 물었다.

"행복하고 살고 나면 어떻게 되지?"

순간 학생은 금방 대답할 말이 떠오르지 않았다. 잠시 후 그는 이렇게 말했다.

"……죽습니다."

이 대화의 중간을 생략하고 읽으면 학생이 교정에서 급히 뛰어가는 것은 죽으러 달려가는 것이지요. 중간에 결혼도 하고 아이도 낳고 행복하게 살지만 결론적으로 말씀드리면 죽으러 달려가는 것이니 그렇게 볼 수 있잖아요?

이처럼 죽지 않는 인간이 없으니 인간은 생명을 받아 태어나는 순간부터 죽음을 향해 달려가고 있다고 말하여도 지나친 말은 아니겠죠. 다만, 죽음의 순간이 언제인지, 죽음의 순간에 얼마나 가까워졌는지를 모를 뿐이죠.

불교에서는 '생사일여(生死一如, 생과 사는 둘이 아니다)'라고 하여 언제나 '생사生死'라고 함께 쓰지요. 삶과 죽음은 분리된 것이 아니라 삶이 곧 죽음이기 때문이지요. 다시 말해서 산다는 것은 곧 죽고 있다는 뜻이며, 죽음을 향해 가고 있다는 뜻도 돼요. 삶의 편에서 보면 살고 있다고 말하지만, 죽음의 편에서 보면 아직 죽지 않고 있다가 되겠지요.

죽는다는 것을 TV 리모컨 버튼을 누르는 것에 비유한 만화를 본 적이 있습니다.
가령 TV에서 가족들의 식사 장면이 나오는 홈드라마를 보다가 무심코 리모컨
버튼을 눌렀다고 합시다. 만약 그 버튼이 파워 버튼이었다면 TV가 툭 꺼지면서
화면에는 어둠과 정적만이 흐를 것입니다. 반면 그 버튼이 채널 버튼이었다면 갑
자기 푸른 바다에서 물고기들이 평화롭게 헤엄치고 있는 장면이 나올지도 모릅
니다.   〈중략〉 죽음 이후는 꺼진 TV처럼 더 이상 우리의 의식이 남아 있지 않
은 상태일 수도 있고, 다른 채널의 화면처럼 이 세상과는 전혀 다른 세상일 수도
있습니다.

— 『살아있는 날의 선택』, 유호종 지음, 사피엔스21, p61

어떤 종교도 죽음 문제를 무시하진 않죠. 그중 가장 일반적인 해결책은 내
세를 설파하는 것이지요. 종교가 존재하는 가장 중요한 원인 중 하나가 사
람들이 가지는 내세와 죽음에 대한 두려움 때문이라고요. '인간은 죽는다
고 없어지는 것이 아니라 다른 형태로 남는다. 그게 영혼이든 의식이든 계
속해서 존재하면서 천당, 천국 또는 지옥, 연옥에서 산다'는 것이에요. 세계
적인 고등종교 가운데에서 인간이 죽은 뒤에 아무것도 남지 않는다고 주장
하는 종교는 거의 없는 것 같군요.

때로 사람이 깊이 잠들어 있는 모습을 보면 가끔은 살았는지 죽었는지 구
분되지 않을 때가 있지요? 잠자는 동안은 아무 생각도 행동도 못 하므로 죽
은 것과 별 차이가 없다 할 수 있어요. 따라서 심하게 말하면 인간은 매일

저녁 죽었다가 아침에 다시 살아난다고 말할 수도 있어요. 또한 숨을 들이마셨다 내쉬지 못하면 죽잖아요. 반대로 숨을 내쉬고 들이마시지 못해도 죽지요.

따라서 죽음은 늘 우리와 함께 있다 해도 과언이 아니죠. 그러나 우리 사회에서 죽음은 아주 낯설지요. 신문이나 TV, 영화에서의 죽음은 흔하지만 그것은 활자나 영상으로 된 관념적인 상상의 죽음일 뿐 현실적인 죽음을 접할 기회는 자주 없지요.

병원에서는 사람이 죽자마자 흰 시트를 머리 위까지 씌운 다음, 가족과의 이별의 시간도 주지 않고 죽음이 마치 전염되는 병이라도 되는 듯이 오열하는 가족을 뒤로 하고 장례식장의 안치실로 옮기지요. 임종시간에 맞추어 도착하지 못한 가족은 고인의 마지막 모습조차 보지 못하는 일이 생기지요.

또한 요즈음은 대부분 장례식장에서 장례를 치르기 때문에 가까운 친척이 죽어도 그의 시신을 보기는 어려워요. 하물며 친척이 아닌 사람의 시신은 더더욱 보기 어렵지요. 보통 사람들이 평생 시신을 볼 수 있는 기회는 단지 몇 번에 그칠 정도예요.

동네에서, 특히 도시의 아파트촌에서는 사람의 죽음은 물론이고 죽음과 관련된 낌새조차 느낄 수가 없어요. 심지어 아파트 현관문을 마주한 집에서 초상이 나도 대부분 모르고 지나가지요.

저의 경우도 앞집 할머니와 인사를 주고받아 왔는데 한참 동안 모습이 보이지 않아 "어디 다니러 가셨어요?"라고 물어보았더니 "3개월 전에 돌아가셨어요"라는 말을 전해 듣고 당황스러웠던 기억이 있습니다. 도시의 아파트에서 생활하시는 분들은 아마 저와 비슷한 경험이 있을 것 같군요. 그래서 언제부터인가 우리는 죽음을 느끼지도, 생각하지도, 말하지도 않게 된 것이 아닌가 싶어요.

아이들의 경우 예전에는 집에서 그리고 마을에서 할아버지, 할머니의 죽음을 자연스럽게 볼 수 있었어요. 요즈음은 친할아버지, 친할머니의 돌아가신 모습도 보여주지 않음은 물론, 시험기간이라 하여 장례식에 참여조차 시키지 않는 경우도 보았어요. 그러다 보니 죽음이 무엇인지 알지도 경험하지도 못하여 할아버지, 할머니의 죽음에는 무덤덤하게 지나가지만 어떤 경우엔 기르던 애완견이 죽으면 슬픔에 잠겨 실신하고 며칠씩 식음을 전폐하는 모습을 보이기도 하지요.

요사이 아이들에게 성교육을 통해 아이가 수태되고 태어나기까지의 과정은 정직하게 설명하고 가르쳐주더군요. 그런데 죽음 문제에 대하여는 이상하게도 이야기하기를 꺼려 학교에서는 물론, 부모님도 가르쳐주는 경우는 드물어요. 아이들에게 태어나는 과정뿐만이 아니라 죽음 문제도 잘 이해할 수 있도록 가르쳐주는 것이 필요합니다.

# 왜 죽음에 대하여 알아야 하는가

주어진 삶을 열심히 살다 죽을 때가 되면 자연스럽게 죽으면 되지 굳이 생각하기 싫은 죽음을 생각하면서 살아야 하는지요?

인간이 죽을 수밖에 없는 존재라는 사실을 모르는 사람은 없지요. 그러나 사람은 자신이 죽지 않을 것처럼 행동해요. 생명을 가진 존재의 속성이 죽는 것을 싫어하기 때문이지요. 아무리 죽고 싶지 않지만 죽지 않을 수가 없으니 죽음에 대해 알아야만 하지요. 죽음이 무엇인지 알고 맞이하는 죽음과 죽음이 무엇인지 모르고 맞이하는 죽음에는 큰 차이가 있을 수밖에 없어요. 죽음이 무엇인지 알고 있는 사람은 두려움 없이 그 길을 갈 수 있으나, 죽음이 무엇인지 알지 못하는 사람은 깜깜한 밤중에 낯선 길을 가듯이 당황스럽고 두려움을 느낄 수밖에 없지요.

반드시 가야 할 길이라면 알고 가는 것이 낫지 않겠습니까? 길을 알고 있다면 헤매지 않고 본인이 가야 할 곳으로 곧바로 갈 수 있지만, 길을 알지 못하면 이 길 저 길을 헤매느라 에너지를 많이 소모하고도 정작 본인이 가야 할 곳으로 가기 어려워요. 따라서 죽음이 무엇인지, 사후세계가 어떻게 구성되어 있는지를 안다면 자신이 가야 할 곳으로 편안하게 갈 수 있지 않겠어요?

또한 자신이 가야 할 곳을 안다면 좀 더 나은 곳으로 가기 위하여 노력할 것

이고, 그 노력은 현재의 삶을 보람 있게 사는 모습으로 나타나겠죠. 사후세
계의 구성을 알고 그 세계에 배치되는 기준을 알기에 좀 더 높은 수준의 세
계에 배치되려고 노력할 것이기 때문이지요. 이 같은 사람들의 노력이 쌓이
고 쌓인다면 세상은 크게 달라질 것이고, 이를 통하여 사랑이 넘치는 이상
적인 세상이 만들어질 수도 있을 것입니다.

# 죽음은 지구별 학교의 졸업시험

죽음이 지구별 학교의 졸업시험이라니요, 어째서 그런 것이죠?

지구는 학교입니다. 지구에 태어났다는 것은 자신이 원하든 그렇지 않든 지구라는 학교에 입학한 것이지요. 태어나는 인간의 수준에 따라 초등학교, 중학교, 고등학교, 대학교와 같은 학교에 입학과 졸업을 거듭하며 배워나가지요.

그뿐만 아니라 '사회'라는 더 넓고 복잡한 학교에서도 배우지요. 제도적인 학교만이 학교가 아니고 지구 전체가 학교인 셈이에요. 지구학교를 졸업하면 지구학교에서의 배움으로 얼마나 성장했는지에 따라 그 다음 과정에 입학하게 되겠지요.

따라서 죽음이란 이번 생에 지구에서의 공부를 마치고 다시 가야 할 곳으로 돌아가는 귀로의 입구이며, 인간의 삶을 총정리하고 평가받는 자리입니다. 또한 한 생 동안 보고 듣고 배우는 과정에서 이제는 낡아 쇠약해진 몸을 반납하고 잠깐의 휴식을 위해 돌아가는 것입니다. 생이 한나절의 나들이였다면 죽음은 나들이를 마치고 집으로 돌아가는 것입니다.

살아있는 인간에게 죽음은 왠지 모르게 생각하기 싫은 부분이지요. 그러나 죽음을 생각하는 것은 삶을 정리하고 평가해보는 것이 되지요. 삶에 매몰

되어 살아갈 때는 생각하지 못했던 가치를 죽음을 생각해봄으로써 알아차
릴 수도 있지요, 이것은 삶과 죽음이 하나이기 때문입니다.

지구상에 공부를 목적으로 온 영혼에게 있어 죽음은 끝이 아니라 또 다른
시작이며, 지상에서의 다사다난했던 삶을 마무리하는 의미가 있어요. 또한
죽음은 지구학교를 졸업하고 상위 학교로 진학하는 과정이라 할 수 있으며,
죽음은 지구별 마지막 졸업시험과도 같습니다. 한 생에 걸쳐 부지런히 자신
을 갈고닦은 사람에게는 기쁨의 졸업이 될 것이며, 유혹과 타락에 자신을 맡
긴 사람에게는 유급 또는 더 낮은 차원의 공부가 기다리고 있을 것입니다.

결산의 과정은 죽음에 대한 태도에서 가장 크게 드러난다고 하죠. 지상에
서의 삶이 잠시 몸을 입고 학습하며 떠나는 과정임을 깨닫고, 체화한 사람
에게 있어서는 이승의 어떤 것도 미련이 될 수 없지요. 그러나 물질, 감정,
생각 중 어느 부분을 비우지 못하여 마음의 무게로 남는다는 것은 곧 자신
이 진리에 100% 일치되지 못하였음을 보여주는 거라고 해요.

인류에게 있어 탄생과 죽음은 스스로를 확장하고 진화할 수 있는 축복이에
요. 즉 모든 것이 진화를 위해 세팅된 공부의 과정이자 마무리이며 다음 단
계로 나아가는 과정인 것이지요. 기껏 열심히 공부한 학생이 잘하다가 졸업
시험에 낙제하여 또다시 지구학교에 재수하러 와야 한다면 이 또한 바람직
한 현상이라 볼 수 없으니까요.

귀천歸天

천상병

나 하늘로 돌아가리라.

새벽빛 와 닿으면 스러지는

이슬 더불어 손에 손을 잡고,

나 하늘로 돌아가리라.

노을빛 함께 단둘이서

기슭에서 놀다가 구름 손짓하면은,

나 하늘로 돌아가리라.

아름다운 이 세상 소풍 끝내는 날,

가서, 아름다웠더라고 말하리라.

시인 천상병은 귀천이라는 시에서 이승에서의 삶을 '아름다운 소풍'이라고 표현했어요. 참 아름답지요? 우리는 아름다운 이 세상에 소풍을 나온 것이라고요. 어릴 때 소풍을 가면 참 즐겁지요?

소풍이 즐거운 것처럼 소풍 온 이 세상의 삶도 즐겁게 살면 얼마나 좋을까요? 그러나 아무리 소풍이 즐겁다고 하더라도 소풍 온 곳에 영원토록 머물 수는 없지요. 소풍을 마치면 집으로 돌아가야 하니까요. 마찬가지로 우리는 이 세상에 소풍을 나왔으니 소풍을 마치면 집으로, 내가 나온 본향으로 돌아가야 하지요.

우리의 삶이 영원할 수는 없지요. 죽음은 내가 나온 영원한 본향으로 돌아가는 것이니, 죽음이라는 삶의 끄트머리에서 아등바등 매달리지 않고 마치 즐거운 소풍을 왔다가 돌아가는 것처럼 홀가분한 기분이라면 얼마나 좋을까요?

자식들에게 "나 소풍 마치고 돌아간다. 너희들도 재미있게 소풍 마치고 오너라. 내가 먼저 가서 기다리고 있을게"라고 웃으면서 이야기할 수 있다면 좋겠지요? 제가 너무 이상적으로 이야기했나요? 적어도 이제부터는 죽음에 대해 무조건적으로 어둡고 심각한 것이라는 생각에서 한 발자국 나아가 죽음을 삶의 일부분으로 받아들이는 연습을 해보면 어떨까요?

나무가 꽃을 피운 뒤라야 비로소 열매를 맺는 것처럼 삶의 여정에 끝이 있다는 것은 살아있는 동안의 결실을 마감할 수 있게 해주는 것이니 그 또한 고마운 것이라 할 수 있지요.

여섯째 마당

죽음을 어떻게
준비할 것인가

여섯째 마당 ● 죽음을 어떻게 준비할 것인가

# 죽음을 알고 맞이하자

죽지 않는 사람이 없는데 죽음에 대하여 이야기하지 않으려는 것은 무슨 이유 때문일까요?

사람들이 저에게 "당신은 무엇이 좋다고 보통사람들이 생각하기도 싫어하는 죽음 문제를 이야기하게 되었습니까?"라고 물어요. 그러면 "죽지 않는 인간이 없는데 어떻게 죽음에 대하여 생각하지 않을 수 있습니까?"라고 되물으면 대개 대답이 없으시더군요. 죽음에 대해 생각하지 않을 수 없는 것이 인간의 숙명이라고 생각해요. 사람들에게서 가장 어리석고 이상한 점은 언제 다가올지 모르는 죽음에 대한 대비가 전혀 없다는 점이 아닐까요?

우리가 낯선 곳을 여행하는 경우 인터넷이나 책을 통하여 그곳에 대한 정보를 확인하고, 내비게이션에 주소나 상호를 입력한 후 안내하는 도로를 따라 찾아가지요. 여행지가 외국이라면 우리의 준비는 더 철저해지겠지요. 여행지의 정보를 확인하는 것은 물론, 숙소와 여행수단에 대한 정보까지 확인하고 사전예약도 합니다. 아무런 준비 없이 무턱대고 여행을 시작하는 사람은 거의 없어요. 그 이유는 시간과 노력, 경비를 절약하기 위해서죠.

그런데 해외여행보다 더 멀고 중요하다 할 수 있는 사후세계 여행을 준비하는 사람은 보기 어려워요. 죽지 않는 인간은 없지요. 인류역사상 죽지 않는 인간은 한 사람도 없어요. 죽지 않으려고 평생 불로초를 찾았던 진시황조차 죽었습니다, 그것도 겨우 49세에 말입니다. 이렇게 모두가 죽는데 죽은 이후에 대하여 관심을 보이지 않는 것은 참으로 이상하지 않아요?

왜 그럴까요? 죽기 싫으니까, 죽음이 두려우니까 아예 생각조차 하지 않으려는 것이 아닐까요?

삶과 죽음에 대해서 말로 이야기하는 것이 참 어렵지요. 설명으로 알아지는 것이 아니니까요. 이에 대해 우리보다 일찍 생각하고 실천했던 분들의 이야기를 통해 알아보는 것은 어떨까요?

죽음은 예나 지금이나 인간에게 있어 가장 큰 공포의 대상이다. 모든 공포는 무지에서 온다. 죽음 다음에 무엇이 있는지 모르는 데서 공포가 찾아온다. 어린아이가 밤중에 자기 집에 들어가려할 때 불이 켜져 있지 않으면 "엄마, 무서워" 하고 소리친다. 그런데 낮에는 아무렇지도 않다. 밤에는 어두워 앞이 보이지 않기 때문에 두려워하는 것이다. 죽음도 마찬가지이다. 죽음 다음에 무엇이 기다리고 있는지 모르기 때문에 두려운 것이다. 그런데 죽음 다음에 무엇이 있으며 자신이 어떻게 되는가를 정확하게 알면 어떨까. 그래도 죽음이 공포의 대상일까? 아니다. 그걸 아는 사람은 평화로운 마음으로 죽음을 맞이할 수 있다.

－『위대한 선물』, 스베덴보리 지음, 다산북스, p83

죽게 되리란 사실을 누구나 알지만,

자기가 죽는다고는 아무도 믿지 않아.

만약 그렇게 믿는다면 우리는 다른 사람이 될 텐데.

자기는 안 죽을 거라며 자신을 속이지요.

죽으리란 걸 안다면, 언제든 죽을 수 있도록 준비를 해둘 수 있네.

그렇게 되면, 자기 삶을 더 적극적으로 할 수 있거든.


어떻게 죽는가를 알면 어떻게 사는가도 알 수 있다.

죽음을 생각하고 준비를 해야 한다.

오늘이 바로 그날인가, 내가 갈 준비가 되어 있나.

내가 할 일들을 다 했나를 물어야 한다.

내가 죽는다는 것을 알면 지금의 인간관계,

내가 숨 쉬고 있는 이 우주공간,

따사로운 햇살과 살랑거리는 바람이 정말 소중하게 느껴질 것이다.

– 『모리와 함께한 화요일』, 미치 앨봄 지음, 세종서적


만일 내가 내일 죽을 것이라면, 내게 제일 중요한 것이 무엇일까?

불행히도 오늘날 많은 사람들은 죽음에 대하여 전혀 생각하지 않다가

실제로 그들이 죽어가고 있을 때에 비로소 죽음에 대하여 생각한다.

그때에는 불행히도 후회할 일이 많다.

그래서 우리가 하여야 하는 것은

죽을 때까지 기다려서 엄청난 후회를 하는 대신에

죽음이 오기 전에 죽음을 들여다봄으로써 우리의 삶을 순화해야 한다.

죽음이 임박해 있다는 것에 대해 생각하고 그런 생각을 가지고 사는 것은

우리에게 더 중요한 것을 가려내고, 더 의미 있게 살고,

더 큰 비전을 가지고 삶을 바라볼 수 있게 해준다.

– 뒤좀 린포체


그대의 과거 삶을 알고 싶으면 현재 그대의 행동을 들여다보아라.

그대의 앞날을 알고 싶으면 현재 그대의 행동을 들여다보아라.

죽음의 순간에 우리가 어떻게 죽는지, 우리가 어떻게 되는지가

죽음 뒤뿐만 아니라 미래의 환생에서 우리가 어떻게 될지를 결정한다는 뜻이다.

그러니까 우리가 어떻게 살아왔는지 하는 것이

우리가 어떻게 죽을지 그 방식 속에 들어 있을 것이다.

– 『티벳 사자의 서』, 파드마 삼바바


우리 대부분이 평화롭게 죽기를 바란다.

그러나 우리 삶이 폭력에 차 있고

우리 마음이 대체로 분노와 집착과 두려움과 같은 감정으로 움직이고 있다면

우리가 평화롭게 죽기를 바랄 수 없다는 것이 분명하다.

우리가 잘 죽기를 바란다면 잘 사는 방법을 배워야 한다.

평화로운 죽음을 바라면

우리의 마음과 삶의 방식 속에서 평화를 가꾸어 나가야 한다.

— 『삶과 죽음을 바라보는 티베트의 책』, 달라이 라마

다들 어떻게 보셨나요? 진리의 말씀은 사실 어려운 이야기는 없어요. 아주 당연하고 평범한 이야기 같은데 새로 펼쳐볼 때마다 그 의미가 다르게 와 닿지요. 삶의 지혜가 농축된 말씀이라 그런 것이 아닐까요. 잘 죽기를 바란다면 잘 사는 방법을 배워야 합니다. 잘 죽는 법이란 잘 사는 법과 다르지 않기 때문이지요.

## 진정한 웰빙을 위하여 웰다잉이 필요하다

**어떻게 살아가고, 어떻게 죽음을 맞이하는 것이 바람직할까요?**

우리 사회에 웰빙(well-being)이란 말이 많이 쓰이고 있지요. 웰빙 냉장고, 웰빙 김치, 웰빙 파마, 웰빙이란 말만 붙이면 좋은 것이 되는 것 같군요. 웰빙이란 무슨 뜻일까요? 여러 가지로 정의할 수 있지만 웰빙이란 한 마디로 '잘 산다, 잘 있다, 심신의 안녕과 행복을 추구하면서 잘 산다'는 의미라고 할 수 있지요.

잘 살고 잘 있으려면 어때야 할까요? 시대에 따라 '잘 산다'의 의미는 변화되었죠. 많은 사람들이 배곯던 6, 70년대에는 '잘 산다'의 의미가 돈 많고 물질적으로 여유로운 삶을 말했죠. 그러다가 80년대 국민들의 생활 수준이 높아지면서 물질적으로는 어느 정도 살 수 있게 되자 그 여파를 몰고 90년대부터 웰빙 바람이 불기 시작했어요. 사람은 물질만으로는 행복할 수 없는 법이거든요. 세월호 사건 이후로 '불량맘'이라는 용어가 생겼지요. 여러분도 많이 들어보셨죠? 엊그저께 인터넷을 찾아보니까 불량맘들의 십계명까지 생겼더군요.

1. 아이를 실컷 놀게 한다. 놀아야 공부도 한다.
2. 아이가 '멍' 때려도 내버려둔다. 사고하는 중이다.
3. 사교육은 시키지 않는다. 돈 쓰는 만큼 아이를 잡는다.

4. 장난감, 옷에 너무 돈 쓰지 않는다. 다 엄마 만족일 뿐이다.

5. 아이를 다른 누구와도 비교하지 않는다.

6. 다른 엄마들 간섭에 신경 쓰지 않는다. 내 애는 내가 키운다.

7. 아이를 혼낼 때에는 나를 돌아본다. 아이에게 화가 난 건지, 나 스스로
   에게 화가 난 건지

8. 아이 속도를 존중하여 재촉하지 않는다.

9. TV나 스마트폰을 멀리한다.

10. 아이가 내 곁에 있음을 감사한다.

실은 이렇게 하는 것이 당연한 일이었음에도 불구하고 최근 사교육 열풍이 너무 강해진 탓에 당연한 것을 오히려 당연하지 않은 것으로 여기게 되었지요. 이 열풍이 엄마와 아이들에게 영향을 끼치는 것에 그칠 것이 아니라 온 사회로 퍼져나갔으면 좋겠어요.

자, 그럼 이 열풍이 금방 사그라지기 전에 웰빙이 무엇인지에 대해 알아보기로 할까요? 웰빙이란 몸이 건강하고, 마음이 편안하고, 또 정신이 맑은 삶을 말하지요.

'웰빙, 잘 사는 삶, 보람 있는 삶, 행복한 삶', 참 좋은 말이지요. 세상에 어디에도 '잘못 사는 삶, 보람되지 못한 삶, 불행한 삶'을 살기를 바라는 사람은 없을 겁니다. '잘 사는 삶, 보람 있는 삶, 행복한 삶'을 싫어하는 사람은

아마 없겠죠.

따라서 어떤 사람이 세상에서 아무리 출세하고, 수십억 원의 재산을 가지고 떵떵거리며 잘 살았다고 한들 나이 들어 건강하지 못하여 몇 년씩 병석에 누워 고통스러워하고, 가족에게 병간호하느라 큰 어려움을 겪게 한다면 결코 잘 살았다고 말할 수 없을 거예요. 또한 나이가 들수록 마음이 편안해야 하는데 집안에 속 썩이는 가족이 있어 늘 걱정거리가 끊이지 않아 마음이 편안하지 않다면, 그리고 치매로 정신이 오락가락한다면 잘 살고 있다고 말할 수 없잖아요.

그런데 웰빙(well-being)과 관련해 사람들이 쉽게 간과하는 문제가 바로 아름다운 마무리, 웰다잉(well-dying), 잘 죽는 것입니다. 우리는 '잘 사는 삶, 보람 있는 삶, 행복한 삶'을 살기를 원합니다. 그러나 죽을 때, 돌아갈 때의 마지막 모습이 행복하지 못하고 고통스럽다면 그가 아무리 행복하고 훌륭하게 살았을지라도 진정 행복한 삶, 보람 있는 삶을 살았다고 말할 수 없지 않겠어요? 삶과 죽음은 서로 떨어진 것이 아니라 삶 속에 죽음이 있는 것이죠. 죽음을 포함한 한 사람의 일생 모두가 삶이라 할 수 있지요. 이제 우리는 웰빙을 삶의 문제에만 한정시킬 게 아니라 웰다잉, 잘 죽는 것에까지 확대해야 하지 않을까요?

〈사형수의 시간〉

사형집행은 법무부 장관의 명령이 있으면 곧바로 행해진다. 어느 날 불시에 '죽을 때'가 온다. 사형수는 비교적 단시간 후에 삶의 끝을 상정해놓고 살지 않으면 안 된다. 어느 사형수는 "사형집행이 임박해 있다고 생각하면, 매일 매일이 매우 소중해집니다. 하루하루 시간이 지나가는 것이 너무 빠르다고 생각됩니다"라고 말하고 있다. 많은 사형수는 집필, 독서, 대화 등 바쁘게 나날을 보내고 있다. 멍하게 하는 일 없이 시간을 보내는 사람은 드물다. 그들은 얼마 남지 않은 인생을 급히 서둘러 유용하게 보내려고 정력을 쏟고 있는 듯하다.

사형수의 '농축된 시간'과 정반대로 무기수의 '느슨해진 시간'이 있다. 무기수의 생활은 하루하루 다를 바 없는, 단조로운 반복에 지나지 않는다. 그곳에서는 모든 자유를 잃은 회색 시간이 천천히 흘러갈 뿐이다. 사형수는 시간이 한정되어 있기 때문에 오히려 남겨진 시간을 열심히 살려 한다.

— 『인간답게 죽는다는 것』, 야마가타 켄지 지음, 군자출판사, p71

# 9988234로 표현되는 바람직한 죽음의 모습

바람직한 죽음을 맞이하기를 모든 사람들이 바라지요. 그러나 그런 죽음을 맞이하기란 쉽지 않아요. 죽음 문제와 관련하여 숫자로 표현된 우스갯소리가 몇 가지 있는데 죽음에 대한 우리의 자세를 잘 나타내고 있어요.

9988234 : 구십구 세까지 팔팔하게 살다가 이삼일 앓다가 죽자.

8899 : 팔십팔 세까지 구질구질하게 살자.

9988231 : 구십구 세까지 팔팔하게 살다가 이삼일 앓다가 다시 발딱 일어나자. 그러면 며느리가 속 터진다고 한다.

어르신들에게 '9988234'라는 숫자를 보여주면서 "이것이 무엇일까요?"라고 물으면 "구십구 세까지 팔팔하게 살다가 이삼일 앓다가 죽자"라는 답변이 쉽게 나와요. 많이 알려진 말이거든요.

또 '8899'를 보여주면 "팔십팔 세까지 구질구질하게 살자"라는 답변이 나오지요. "이렇게 살고 싶으신 분 계세요?"라고 물으면 "아니요" 하면서 모두 웃지요. '8899'를 보면 88세라는 적지 않은 나이를 살더라도 질병과 가난 등으로 구질구질하게 살고 싶은 사람이 한 사람도 없음을 나타내지요.

마지막으로 '9988231'을 보여주면 대부분 정확한 답변을 못 해요. 제가 "구십구 세까지 팔팔하게 살다가 이삼일 앓다가 다시 발딱 일어나자. 그러면 며느리가 속 터진다고 합니다"라고 말하면서 "다시 발딱 일어나면 왜 며느리 속이 터지지요?"라고 물으면 '와' 하고 모두 웃지요. 씁쓸하지만 어쩌겠습니까? 어른 모시기를 부담스러워하는 요즘 세태를 반영하고 있으니까요.

우스개로 만든 숫자이지만 생각할 점이 많이 있어요. 이중 '9988234, 구십구세 까지 팔팔하게 살다가 이삼일 앓다가 죽자'라는 말은 덕담이지요. 그 이유는 대부분이 그와 같은 죽음을 맞이하지 못하기 때문이지요. 99세까지 사는 분이 드물기 때문에 99세까지 살라고 하는 것은 큰 축복이지요. 또한 노년을 팔팔하게 사는 것이 아니라 질병 속에서 고통받다 죽음을 맞이하기 때문에 팔팔하게 살라는 것 또한 축복이지요.

또한 '9988234'라는 우스갯소리에는 바람직한 죽음의 모습이 그려져 있어요. 인간으로서 99세까지 팔팔하게 살다가 이삼일 앓다가 죽을 수만 있다면 참으로 이상적인 죽음을 맞이한 것이 될 것입니다.

100세 이상을 사는 사람도 있지만 99세까지 살았다면 가히 천수를 다 누렸다고 할 수 있겠지요. 그러나 99세까지 살더라도 병석에 누워 병치레하면서 가족들을 괴롭히고 본인도 고통 속에서 산다면 장수가 오히려 고문이 될 수도 있겠지요. 오래 살더라도 건강하지 않은 삶은 건강하게 살다가 일찍 죽는 삶보다 바람직하지 않을 수가 있어요.

또한 이삼일 앓다가 죽어야 한다는 것의 의미는 이렇습니다. 99세까지 팔팔하게 살다가 아무도 모르게 잠자듯이 죽는다면 본인은 혹시 편안한 죽음을 맞이했을지 모르겠지만 그것을 바라본 자식과 가족들은 심한 당혹감에 휩싸일 것입니다. 예를 들어 건강한 어르신께서 가족들과 함께 웃으며 저녁 시간을 보내고 잠자리에 들었는데 아침에 일어나지 않으셔서 깨우니 이미 돌아가신 상태라면 어떠할까요?

99세까지 살다가 마지막 작별도 없이 생을 마감한다면 바라보는 가족들의 심정이 심히 착잡하면서 허탈감을 느끼게 될 것입니다. 당사자도 자신의 인생을 마감하는 한마디 말도 남기지 못하게 되어 허무할 것입니다. 그래서 최소한 이삼일은 앓아야 그동안 관계 맺었던 사람들과 문병이라는 형식을 통하여 작별 인사를 나누고, 자식들에게 부모님의 마지막을 지키면서 못다한 효도를 할 기회를 제공해줌으로써 회한이 남지 않도록 할 수 있을 것입니다.

또한 '9988234'라는 말 속에는 두 가지 진실이 감춰져 있어요.

첫 번째, '9988234'는 엄연한 과학입니다.

자신이 가지고 있는 모든 질병을 완치한다면 실제로 죽을 때 며칠 또는 몇 주 사이로 심장병, 뇌졸중, 패혈증과 같은 질병이 한꺼번에 발생하여 죽음에 이른다고 합니다. 이런 과정을 의학적으로는 '질병의 압축'이라고 부릅니다. 의학자들에 따르면 죽음을 막을 수는 없지만 질병을 예방하거나 완치할 수는 있다고 합니다. 질병 없이 건강하게 살다가 생의 마지막 순간에 질병과 죽음이 거의 동시에 나타나게 할 수 있다고 합니다. 그야말로 고통 없이 생을 마감할 수 있는 것이지요.

노인들에게 죽음을 앞두고 가장 두려운 것이 무엇이냐고 질문하면, 통증이 가장 두렵다고 답변합니다. 실제로 통증 없이 편안한 죽음을 맞이하는 사람은 전체의 1/5도 안 된다고 주장하는 의사도 있어요. 만약 죽음에 이르는 과정에서 통증 없이 생을 마감할 수 있다면 큰 축복이라고 할 수 있겠죠.

고통 없는 죽음을 동물의 세계에서는 쉽게 볼 수 있지요. 야생의 세계에서 동물들은 목숨이 다할 때까지 움직이다가 순식간에 죽어요. 야생동물은 움직이지 못하면 다른 동물에게 잡혀먹히거든요. 따라서 죽는 순간까지 평소처럼 움직이지 않을 수가 없지요.

부엉이는 아주 큰 눈을 가지고 있다. 거의 얼굴의 반이라 해도 과언이 아니다. 부엉이는 이 눈으로 밤에 달빛이 조금이라도 있으면 거의 모든 걸 볼 수 있다. 그래서 밤의 사냥꾼이라는 별명도 붙어 있다. 웬만해선 그 눈을 감는 법이 없다. 아무리 무서운 적이 나타나도 소위 째려보기를 멈추지 않는다. 당장 죽으면 죽었지 결코 물러서지는 않겠다는 자존심이 그대로 드러난다. 그 알량한 자존심 때문에 헤드라이트 켜고 오는 차를 적으로 간주하고 그대로 맞받아 버린다. 〈중략〉

부엉이는 죽을 때의 모습이 특이하다. 부엉이는 죽음의 순간까지 횃대에 앉아서 눈을 부릅뜨고 어떤 내색도 하지 않는다. 그저 먼 허공을 응시하는 듯하다가 어느 순간 발가락의 힘이 풀리면서 횃대를 놓고 툭 하고 떨어진다. 그땐 이미 절명한 상태이다. 아파도 아픈 척을 하지 않고, 죽어도 죽은 척을 안 할 정도이니 이들을 예부터 영물로 불렀다는 걸 충분히 이해하겠다.

— 최종욱 글, 광주 우치동물원 수의사

둘째, '9988234'는 누구나 자신의 의지에 의해서 선택할 수 있습니다.

대부분의 사람들은 질병과 건강은 유전, 환경, 체질, 운명, 신의 축복 등 자신이 통제할 수 없는 특별한 요인에 의해서 결정된다고 믿지요. 또 나이가 듦에 따라 늙고 병드는 것은 당연한 것이라고 생각해요. 하지만 건강이나 노화는 하늘의 뜻이 아닌, 자신의 의지에 의해 바꿀 수도, 늦출 수도 있다고 하지요.

학자들의 연구결과에 의하면 노력하면 기대여명, 즉 평균수명을 35% 이상 연장할 수가 있다고 해요. 2012년을 기준으로 한국인의 평균수명은 81.4세입니다. 노력하면 81.4세의 35%인 28년을 더 살 수 있다는 것으로서 그렇게 되면 109세까지 살 수 있다는 이야기이지요. 누구나 노력만 하면 100세 이상을 살 수 있고, 그것도 아프지 않은 양질의 삶을 즐길 수 있다는 것을 의미해요.

## 아름다운 죽음 맞이하기

죽는 순간이 중요하다고 하셨잖아요, 어떻게 하면 아름다운 죽음을 맞이할 수 있을까요?

아름답게 죽는다는 것은 하늘의 뜻에 따라 살다가 하늘의 뜻에 따라 하늘로 돌아가는 것이지요. 하늘의 뜻에 따라 산다는 것은 다름 아닌 자신의 삶을 보람 있게 사는 것을 말합니다. 그런 의미에서 보람 있는 삶을 살지 않은 사람이 아름다운 죽음을 맞이하기란 참으로 어려운 일이라 할 수 있겠지요. 왜냐하면 죽음의 순간에 자신의 삶을 돌아보았을 때 후회가 밀려올 테니까요.

모든 경우가 그렇다는 것은 아니지만 비명횡사하거나 치매에 걸려 오랜 세월 자신도 고통받고 주변 사람에게도 고통을 주고 나서 향천向天하는 이들의 경우, 자기 위주의 이기적인 삶, 혹은 자신의 틀 속에 갇힌 삶을 살았던 분들일 수 있다고 하더군요. 만약 현생을 잘 살았던 분인데도 그런 경우라면 전생에 지은 업을 갚는 과정일 수도 있고, 현생에 지은 업을 말년에 갚는 경우일 수도 있고, 또 그렇게 함으로써 본인도 공부하고 주변인들도 공부를 시키는 스케줄일 수가 있다는 말이지요. 사람마다 달라 일률적으로 말씀드릴 수는 없지만요.

오늘을 계기로 죽음에 대비해서 내가 얼마나 정리되고 준비되어 있는지 살펴보세요. 준비가 미진하다면 지금부터라도 스스로 체크할 수 있는 목록을 만들어 하나씩 실천해보면 어떨까요? 예를 들어 100일의 시한부 삶을 산다고 가정하고 가벼운 마음으로 향천할 수 있도록 목록을 만들어 자신의 인생을 하나씩 정리해보는 것도 죽음을 준비하는 좋은 방법이라 할 수 있지요.

**첫째는 육체적 건강입니다.**

죽기 직전까지 몸과 마음이 건강하게 살다가 죽는 모습은 어떤가요? 그 자체로 아름답지 않나요? 몸져누워 고생하거나 치매에 걸려 고통 받는 모습을 주변 사람들에게 각인시킨 채 죽는 것은 당연히 아름다운 죽음이 아니겠지요? 그렇게 인생을 마무리하지 않으려면 자신의 건강을 열심히 돌보아야 하겠죠.

등산이나 자신에게 맞는 운동을 꾸준히 하는 게 좋겠지요. 저도 적은 나이가 아니어서 건강에 대해 관심이 많지요. 건강유지를 위해 명상과 등산, 그리고 '내 몸을 위한 10가지 건강지침'을 수시로 실천하지요. 어떤 종교에서는 마음만을 중요하게 여겨 마음이 온전하면 건강도 100% 찾아지는 것처럼 애기하지만 마음의 온전함이란 자신의 몸에 대한 관심과 사랑 또한 포함되는 것이지요. 온전한 마음을 가진 사람이라면 자신의 몸을 함부로 대하진 않을 거니까요.

<내 몸을 위한 10가지 건강지침>

1. 몸의 균형을 위해 노력한다.

  실천1. 바른 자세로 하는 걷기나 절 명상을 생활화한다.

  실천2. 체질에 맞는 식사를 하려고 노력하되, 어떤 음식이든 감사한 마음으로
     먹는다.

  실천3. 골격과 근육을 바로잡는 교정운동, 마사지를 실천한다.

  실천4. 필요 시 침, 뜸, 뇌파훈련, 속청, 부비동 청소를 활용한다.


2. 좋은 감정 상태를 유지한다.

  실천5. 매사에 긍정적인 자세를 갖춘다.

  실천6. 순화된 방법으로 감정을 표현한다.

  실천7. 뇌의 깊은 잠을 위해 뇌의 잠 주기(밤 11시에서 새벽 1시) 전에 잠자리에
     들어 숙면을 취한다.


3. 몸의 안과 밖을 맑고 밝고 따뜻하게 가꾸어 나간다.

  실천8. 몸의 구규九竅●를 선스럽게 관리한다.

  실천9. 명상을 통해 그날의 탁기는 그날 제거한다.

  실천10. 하루를 감사한 마음으로 시작하고, 깊은 호흡을 통해 정리하는 습관
     을 갖는다.

– 『내가 고치는 자가치유 건강법』, 도서출판 수선재

● 구규(九竅) : 인체에 있는 아홉 개의 구멍 즉, 눈, 코, 입, 귀의 일곱 구멍과 요도, 항문을 가리킨다.

여기서 여러분께 알리고 싶은 게 육식에 관련된 것인데요. 다들 고기 좋아하시죠? 저도 예전에는 좋아했는데 지금은 먹긴 하지만 즐기지는 않아요.

인간은 원래 육식동물이 아니고 채식동물이지요. 육식동물은 이빨이 날카로워 고기를 잘 찢고, 위에서 고기를 잘 소화시키며, 내장의 길이가 짧아 찌꺼기를 금방 배출하지요. 반면, 초식동물은 이빨이 뭉뚝하고 날카롭지 않아 풀을 잘 씹을 수 있고, 풀 종류는 소화하기가 쉽지 않아 소와 같은 동물은 위가 여러 개 있으며, 내장의 길이가 길어 영양분을 최대한 섭취할 수 있어요.

인간의 몸을 보면 육식동물처럼 송곳니가 아니라 채식에 적합한 어금니가 발달했으며, 육식동물에 비해 긴 약 9m 정도의 내장을 갖고 있지요. 인간은 본래 채식 동물임에도 불구하고 육식을 하다 보니 문제가 생기지요. 육식이 고혈압, 비만, 당뇨병과 같은 성인병●의 중요 원인이 된다고 하죠. 그래서 요즘은 건강을 위해서라도 채식을 하는 분들이 점점 늘어나고 있어요.

아름다운 마무리를 위해서라도 채식 위주의 식생활은 필요해요. 인간들의 식용이 되기 위해 사육되는 가축들은 어렸을 때부터 좁은 우리 안에서 지내야 하죠. 햇빛도 제대로 들어오지 않은 그곳에서 가축들이 할 수 있는 일이라곤 단지 먹고 자는 것뿐. 그래서 자신의 똥과 오줌으로 가득 찬 우리 속에서 제대로 움직이지도 못하고 평생을 지내야 하는 가축들의 면역력이 약할 수밖에 없지요. 그런 탓에 병에 쉽게 걸리니 치료를 위하여 항생제를 과

● 성인병 : 과거에는 고혈압, 비만, 당뇨병과 같은 병이 성인들에게만 주로 나타나므로 성인병이라고 하였으나 근래에는 나이에 관계없이 나타나기 때문에 생활습관병이라고 한다.

다하게 사용할 수밖에 없고, 그 항생제가 고기 속에 남아있게 되지요. 그런 고기를 인간이 먹으니 좋을 수가 있을까요?

집에서 슈나이저종의 개를 십몇 년째 키우고 있어요. 이놈을 쳐다보고 있으면 얘가 자신을 사람으로 생각한다는 느낌을 받을 때가 가끔 있어요. 제가 무슨 말을 하는지 알아듣기도 하고, 때로는 말하지 않아도 제 기분을 알아차리거든요. 또 제가 텔레비전을 보려고 소파에 앉으면 자식인 양 무릎 위에 앉아요. 손녀가 놀러 오면 우습게도 제 무릎에 서로 앉겠다고 애정 싸움을 벌이기도 하지요. 손녀가 제 무릎에 먼저 앉아있으면 이 녀석이 그 자리를 뺏으려고 으르렁거린답니다.

이처럼 말 못하는 동물이라고 해도 감정이 있지요. 또 인간처럼 사랑을 받고 싶어 하고요. 그런데 태어나자마자 어미와 떨어져 우리 속에서 평생을 지내는 가축들의 감정은 어떻겠어요? 당연히 인간을 원망하고 분노하는 감정이 있지 않겠어요? 그런 것이 우리들의 눈에 보이지는 않지만 가축들의 체내에 축적된다고요.

우리가 먹는 음식은 우리 몸에 들어가 에너지가 되지요. 육식을 하면 그 동물의 에너지와 함께 그 동물들이 가지고 있는 다양한 문제도 함께 섭취되어 몸에 축적되지요. 그러면 그 독이 기력이 쇠약해진 노년기에 서서히 뇌에 침투하여 치매를 일으킨답니다. 이처럼 동물의 고통이 인간의 고통으로 바로 연결되는 것이지요.

물론 옛날에도 기르던 가축을 잡아먹었죠. 하지만 그때는 명절, 결혼, 장례식 등 꼭 필요한 경우가 아니면 동물을 잡지 않았고, 동물 또한 평생 자기를 먹이고 보살펴준 주인에게 죽임을 당하는 것을 당연하게 여겼다고 해요. 영적인 측면에서 보았을 때 자신보다 영격이 높은 사람에게 먹힌다는 것은 동물로서는 그만큼 '진화'한다는 의미가 있기도 하지요.

옛날에는 소나 돼지 같은 가축이 집안의 중요 재산이었어요. 소나 돼지를 길러 팔아 논밭을 장만하거나 자식들의 학비를 대었으니 이들에게 들이는 정성과 사랑이 대단하였지요. 아침저녁으로 김이 모락모락 나는 쇠죽을 쑤어주는 것은 물론, 추울 때는 짚으로 이불을 만들어 등에 덮어주기도 했지요. 그런데 현대의 공장식 축산에서는 가축에 대한 사랑을 찾아보기는 어렵지요. 공장에서 물건을 찍어내듯이 고기를 생산해내고 있을 뿐이지요.

몇 년 전 구제역이 발생해서 전국의 수많은 돼지들이 생매장되었었죠. 인간의 한 사람으로서 마음이 무척 아팠지요. 그럼에도 제가 할 수 있는 일이 없더군요. 구제역의 근본원인은 비인간적인 사육방법이라고 하더군요.

아까도 말씀드렸던 것처럼 오물이 가득한 좁은 공간에서 하루 종일 지내야 하는 돼지들의 면역력이 약해져서 생긴 질병이잖아요. 이런 일이 발생했다는 것은 인간들의 사육방식에 문제가 있다는 것을 보여주는 예이기도 한데, 사람들은 이미 경제논리에 빠져 가축들의 사육방식을 바꾸지는 않고 더 강력한 의약품을 만들어 살포하지요. 이런 것을 두고 비단 가축업계만을 비난해서는 안 되겠지요. 우리 모두의 문제니까요. 고기를 아예 먹지 말아야 한다고 얘기하는 것이 아니에요. 다만, 동물들도 감정이 있고, 인간처럼 소중한 생명을 부여받은 하나의 생명체라는 것을 인식하였으면 하는 것이지요.

둘째는 감정 상태가 맑고 평안한 상태로 죽는 것입니다.

죽음에 대한 공포에 시달리다가, 허무감에 사로잡혀 술로 세월을 탕진하다가 끌려가듯 마지못해 죽는 것은 아름다워 보이지 않지요. 실은 자신의 삶을 보람 있게 이끈 사람은 사후세계에 대한 이런저런 지식이 없어도 죽음이 그리 두렵게 느껴지지 않는다고 해요. 죽음 이후에 보람 있는 삶에 대한 보답을, 결실을 누릴 수 있음을 마음 깊은 곳에서부터 느끼고 있기 때문이지요.

한편, 사후세계에 대해 정보를 접했다고 해서 죽음에 대한 두려움과 허무가 곧바로 없어지는 것도 아니지요. 그런 지식이 두려움과 허무를 오히려 더 키워줄 수도 있어요. 세상을 헛되이 산 이, 악행을 일삼으며 산 사람들은 사후세계에 대해 오히려 알고 싶지가 않지요.

그들은 '이래도 한평생 저래도 한평생', '죽고 나면 만사가 끝'이라고 생각하고 싶어 하겠죠. 이는 자신들이 행한 허송세월과 악행의 대가를 치르고 싶지 않기 때문이지요. 죽음이 두려운 이유는 모든 게 다 끝나는 것이라는 고정관념 때문이기도 하지만, 자신의 삶에 대한 냉정한 평가를 받는 것이 두렵기 때문이기도 하니까요.

따라서 죽음의 두려움에서 벗어나는 법은 이제까지의 삶을 돌이켜보아 반성할 것은 반성하고, 어떻게 사는 것이 보람 있게 사는 것인지를 깨달아 그러한 삶을 사는 것이지요. 보람 있는 삶이란 이처럼 아름다운 죽음의 전제 조건이며, 아름다운 죽음이란 보람 있는 삶을 전제하지 않고서 불가능한 일이니 양자는 결코 따로 떼어서 생각할 수 없어요.

**셋째는 물질을 잘 처리하고 떠나는 죽음입니다.**

물질을 잘 처리한다는 것은 무엇일까요? 자신이 살아생전에 썼던 물건, 가졌던 재산, 영혼을 실어줬던 몸뚱이까지 잘 처리하고 가는 것을 말해요. 대부분은 자식들에게 많은 유산을 남기려 노력하지요. 그런데 유산을 남기는 것이 오히려 자녀들에게 악을 행하게 하는 원인을 제공하는 경우가 많아요.

저는 국세청에서 세무공무원으로 근무했었는데 현직에서 돌아가신 분의 상속세 부과를 담당한 일이 있어요. 그때 평소 원만하게 지내던 형제가 상속재산 때문에 원수처럼 싸우는 것을 자주 보았지요. 싸움은 부모의 유산이 많으면 많을수록 더욱 치열하지요. 보통 사람이 보기에는 그 정도의 재산이면 평생을 호의호식할 수 있을 것 같은데 좀 더 가지기 위하여 법정 다

툼도 마다하지 않아요. 참 인간의 욕망이 한이 없구나 하는 생각을 했지요.

사후에 흉한 모습을 보이지 않으려면 유산 배분 문제로 싸우지 않도록 유산 상속 문제를 잘 매듭짓고 가야 해요. 어떤 재산을 누구에게 물려줄지 명시하는 유언장을 써놓는 것이 필요하지요.

그러나 더 좋은 것은 유산을 평생 자신을 먹여주고 길러준 자연과 사회를 위해 환원하고 돌아가는 것이지요. 이를 통해 세상과 자연에 진 빚을 조금이나마 갚고 돌아갈 수 있기 때문이니까요. 지구에 태어나 한평생을 살고 가는 사람들은 자연에, 세상에, 하늘에 엄청난 빚을 지고 가는 사람들이지요.

그 빚이 있기나 한 건지, 무엇인지 인식조차 못 하고 혼자 태어나 혼자 힘으로 잘 먹고 잘 살다 죽는 양 뻐기는 것이 세상 사람들의 일반적인 사고이기에 이를 알려줄 필요가 있어요. 밥 한 그릇 먹기까지 얼마나 많은 자연의 노고, 농부의 노고가 있었는지 생각해본다면 간단히 알 수 있는 일이지요. 환경운동에 대해 잘못 생각하고 있는 것이 실은 인간이 자연을 위해 뭔가 베푸는 운동이 아니라 인간이 자연에 진 빚을 만분의 일이나마 갚기 위한 운동입니다.

## 아름다운 마무리란

### 벗과 더불어, 연암 박지원(1737~1805)

연암 박지원은 1737년 영조 13년, 서울 서소문 밖 야동治洞에서 태어났지요. 그는 당시 집권세력이었던 노론 명문가의 후손이었음에도 불구하고 평생 제대로 된 벼슬을 하지 않았어요. 대신 그는 시대가 요구하는 새로운 사조인 '북학'의 흐름을 주도합니다.

젊은 시절엔 '백탑파'를 조직해서 시대의 천재였던 친구들과 교류하고, 머리는 뛰어나지만 신분의 제약 때문에 자신의 꿈을 접을 수밖에 없었던 서얼 출신들을 받아들여 제자로 길렀지요. 나중에 이들은 정조 임금에게 발탁되어 규장각의 '사검서'로 활약하기도 했지요.

『열하일기』로 유명했던 그, 평생 벼슬이 없었던 탓에 돈도 없었던 그가 어떻게 청나라까지 갈 수 있었을까요? 길이 없으면 만들어내라! 마침 그의 삼종형이었던 박명원이 청나라 사신이 됩니다. 그의 나이 44세인 1780년, 박명원의 수행원 자격으로 청나라로 가게 되지요. 그 후 그는 세계 최고의 여행기인 『열하일기』를 발표하지요. 얼마나 인기가 있었는지, 임금이었던 정조가 그를 문체반정의 핵심 인물로 지목하지요. 실은 그것도 그를 발탁하기 위한 수단이었지만요.

문장으로 한 나라를 휩쓸었던 그, 1805년 연암의 나이 69세, 그에게 중풍이 찾아왔습니다. '인생칠십 고래희(人生七十 古來稀, 사람이 70세까지 사는 것은 예로부터 드문 일이었다)'라는 당나라 시인 두보杜甫의 말과 같이 당시 평균수명이 40세 전후에 불과함을 고려하면 69세는 장수한 셈이죠.

병석에 누운 연암은 죽음이 임박했음을 직감했어요. 하지만 그는 약을 쓰면서 병석에 누워 하루하루를 연명할 생각이 없었지요. 죽음의 순간이 얼마 남지 않은 그때 그는 친구들을 불렀어요. 그러고는 술상을 차리고 서로 이야기를 나누도록 했어요. 자신이 그들과 이야기를 나누고 술을 마실 수는 없었지만 그들의 정겨운 이야기를 들으면서 생의 마지막을 즐기고 싶었던 것이지요.

논어論語에 있는 말입니다.
아는 사람이 좋아하는 사람 만 못하고,
知之者 不亦好之者 (지지자 불역호지자)
좋아하는 사람이 즐기는 사람 만 못하다.
好之者 不亦樂之者 (호지자 불역락지자)

그의 유언은 그저 '깨끗하게 목욕시켜 달라'는 말뿐이었지요. 명문가의 후손으로 태어나 마음만 먹으면 권력을 쥘 수 있고, 정계에서 활발하게 활동할 수 있었지만 그는 부귀영화는 애초에 던져버리고 대신 가난할지언정 자신이 원하는 삶을 살지요. 거대한 사유의 집약체인 『열하일기』가 탄생할 수 있었던 배경에는 그 자신이 틀에 매인 삶을 살지 않았기 때문에 자유로이 사유할 수 있었기 때문이죠. 이렇듯 그는 한바탕 인생을 멋지게 살고 죽음마저 즐기면서 마감했어요. 삶과 죽음에 차이를 두지 않는 자세이지요. 한 시대를 멋지게 살다간 대문장가로서 그 마지막도 아름답지요.

## 담백한 마무리, 스콧 니어링(1883~1983)

1983년 아직은 쌀쌀한 4월의 어느 날, 벽난로 앞에 한 노인이 명상을 하고 있군요. 깊게 팬 주름과 하얀 머리는 노인이 보냈던 지나간 세월을 말해주는 듯합니다. 개미 한 마리 지나갈 것 같지 않은 정적을 깨고 천천히 입을 여는 그.

"여보, 때가 왔으니 돌아갈 준비를 해야겠소."

아내는 고개를 들어 그의 눈을 바라봅니다. 눈빛만으로도 아니 그저 함께 있는 것만으로도 하나가 되어버린 부부. 하나의 반쪽은 이제 본래 왔던 곳으로 되돌아가려고 하는 것이었어요.

그로부터 노인은 스스로 곡기를 끊은 지 100일째 되던 날 지상에서의 마지막 숨을 들이쉬었어요. 평화로운 죽음이었죠.

『조화로운 삶』의 저자 스콧 니어링은 삶을 마무리 하는 방법으로 스스로 곡기를 끊음으로 죽음을 맞이했지요. 그런 탓에 때로 사람들의 논란이 되는 경우가 있지요. 하지만 그의 죽음은 일반적인 '자살'과는 의미가 다르지요. 그가 죽음을 맞이하게 될 때에는 어느 정도 명이 다해가는 순간이었으므로 영적으로 기민했던 그는 자신의 예정된 죽음을 알아차리고 자신의 의지로 조금 일찍 맞이했던 것이지요.

생전 자신이 해야 할 일을 다 했고, 자신이 가야 할 때가 언제인지 알았던 그는 언제 자신이 죽는지도 모르고 허둥지둥 떠나는 삶과는 차원이 다른 것이죠. 그는 명상을 통해 이승에서의 삶이 전부가 아니라는 것을 알았다고 해요. 그래서 별다른 두려움 없이 죽음을 맞이할 수 있었다고요. 단지 홀로 남게 될 아내, 헬렌에게는 미안함이 없지 않았겠지만 그것마저도 놓아버린 것이죠. 세상에 대한 미련도 감정도 비우고 가벼이 삶을 떠났던 거죠. 마치 이 세상에 여행 온 사람처럼 훌쩍하고요.


〈마지막 인사〉

죽음의 수용 시간은 텔레비전이 꺼지는 때이기도 하다. 이 단계가 되면 환자는 텔레비전을 켜지 않고 신문이나 책도 읽지 않게 된다. 사회에서 일어나는 일이나 자신의 주위에 대해 관심이 없어지며 조용히 홀로 남아 있고 싶어 한다.

죽음의 수용 단계가 되면 의식이 분명한 환자라면 대체로 작별 인사를 한다. 그들은 "신세 많이 졌습니다." 혹은 "지금까지 여러 가지로 감사했습니다"라는 표현으로 그 마음을 표시하는 것이다. 이 작별의 때에는 환자 자신보다 가족에게 보다 많은 도움과 붙드는 손길이 필요한 때이다. 이러한 인사를 하면 대부분의 가족은 그것을 견디지 못한다. 그들은 죽음을 직시할 수 없으며 그것으로부터 도망치려고 한다. 그리고 가족들은 자연스레 똑같은 말을 한다. "그렇게 약한 모습을 보이면 안 돼요. 더 힘내셔야지!" 가족은 죽음의 시기가 가까움을 알고 있으면서도 죽음을 직시하는 것을 거부하며, 그렇게 말해버린다.

그러나 이러한 질타와 격려의 말에 환자는 오히려 불안과 부담을 느낀다. 환자는 가족의 기대에 보답할 수 없다는 절망과도 비슷한 마음이 되어버리기 때문이다. 환자는 작별할 때 가족으로부터 '잘 살았다'라는 어떤 칭찬의 말을 기대한다. 어느 환자는 나에게 "더 힘내라고 가족은 말하지만, 도대체 나는 어떻게 힘을 내야 할까요?"라고 물었다. 죽음을 목전에 두고, 생명이 다할 때까지 분발할 수 있을 만큼 힘을 다해온 것이다. 그때 "힘들었지요, 하지만 지금까지 정말 잘 견뎌왔습니다"라고 말해주면, 환자는 편안한 마음을 갖게 된다.

누구든지 사람은 이 세상을 떠나기 전에 인사를 하고 싶어 한다. 나 자신도 죽을 때는 그렇게 하려고 한다. 나에게 의미 있는 가족이나 친구들, 그리고 도움을 준 의료인들과 꼭 마지막 감사와 작별인사를 나누고 싶다. 죽어가는 환자와 그 가족에게 있어서, 이러한 작별시간을 갖는 일이 매우 중요하다.

인생을 마감할 때, 사람은 어딘가에서 획을 긋고 싶어 한다. 그것이 이 세상을 떠남에 있어서 마지막 완성이 되는 것이다. 그것은 의식이 분명한 동안에 할 필요가 있다. 너무 빠르다고 느껴지는 시점이라도 괜찮다. 너무 늦으면 불가능하기 때문이다.

— 『인간답게 죽는다는 것』, 야마가타 켄지 지음, 군자출판사, p81

〈무의미한 연명치료는 흔들어 깨우는 것〉

살 만큼 살다가 명이 다해가게 되면 병원에 실려 가지 않고 평소 살던 집에서 조용히 죽음을 맞이하는 것이 지혜로운 선택일 것이다. 이미 사그라지는 잿불 같은 목숨인데 약물을 주사하거나 산소 호흡기를 들이대어 연명의술에 의존하는 것은 당사자에게는 커다란 고통이 될 것이다.

우리가 한평생 험난한 길을 헤쳐 오면서 지칠 대로 지쳐 이제는 푹 쉬고 싶을 때, 흔들어 깨워 이물질을 주입하면서 쉴 수 없도록 한다면 그것은 결코 효가 아닐 것이다. 현대의술로도 소생이 불가능한 경우라면 조용히 한 생애의 막을 내리도록 거들고 지켜보는 것이 도리일 것이다.

될 수 있으면 평소 낯익은 생활공간에서 친지들의 배웅을 받으면서 삶을 마감하도록 하는 것이 바람직하다. 병원에서는 존엄한 한 인간의 죽음도 한낱 업무로 처리되어 버린다. 마지막 가는 길을 낯선 병실에서 의사와 간호사가 지켜보는 가운데서 맞이한다면 결코 마음 편히 갈 수 없을 것이다.

— 『아름다운 마무리』, 법정 지음, 문학의숲, p163

죽음 뒤는 아무것도 없다고 생각하는 사람도 있지만, 삶은 한순간일 뿐이고 죽어서의 삶이 영원한 것이지요. 죽음이 나쁜 것은 아니지요. 죽음은 자

신의 원래 자리로 돌아가는 것이므로 오히려 행복한 순간이 될 수 있거든
요. 따라서 임종 순간에 슬픈 곡소리를 낼 것이 아니라 원래 자리로 돌아가
는 데 대해 마음속으로 축하해주는 것이 필요하지요.

죽음은 자신의 삶을 마무리해주는 것이니 기쁨으로 맞이하는 마음자세를
가져보면 어떨까요? 삶에 후회가 없다면 죽는 순간이 두렵지 않겠지요. 반
대로 후회가 남는다면 죽음을 늦추고 싶겠지요.

지금 이 순간 자신의 삶이 어떠했는지 한번 돌아보세요. 자신의 삶이 자랑
스러웠는가? 자신과 타인을 얼마나 사랑하며 살았는가? 스스로의 삶을 돌
아봤을 때 부끄럽지 않은지 돌아보세요. 마지막으로 자신이 죽었을 때의 모
습을 한번 상상해보세요.

지구가 생성된 이래 이곳에 올 수 있는 가능성이 극히 희박함에도 불구하고
그 어려운 경쟁률을 뚫고 세상에 태어난 우리, 이왕이면 아름답게 돌아가
고 싶지 않으세요? 죽고 난 뒤 내 영혼의 고향인, 본향에 비로소 도착했을
때 이렇게 말하자고요, "이 세상은 참 아름다웠노라."

일곱째 마당

아름다운

# 마 무 리

일곱째 마당 ● 아름다운 마 무 리

# 고치고 싶은 장례문화

결혼은 결혼식장에서 장례는 장례식장에서, 일견 편리한 점도 있지만 갈 때마다 '이건 아닌데' 하는 느낌이 들 때가 있어요. 근래 우리나라 장례문화에 대해 어떻게 생각하는지요?

현재 시행되고 있는 장례문화는 전통문화를 계승하지도, 새로운 문화를 정립하지도 못한 이상한 형태로 운영되고 있어요. 문제점이 많지요. 과거의 허례허식을 없애면서 시대 상황에 맞는 새로운 장례문화의 재정립이 필요한 시점이 아닐까요?

우리가 장례라는 말을 쓰죠. 그런데 정확하게 이게 무슨 말인지 알 필요가 있어요. 장례葬禮란 간단히 말하면 죽음에 이르는 순간부터 시체를 화장 또는 매장하고, 일정 기간 상복을 입은 후 평상생활로 돌아갈 때까지의 각종 의식 절차를 정한 예를 말하지요. 장례 기간을 통해 고인의 생전에 효도를 다 하지 못하였음을 안타까워하면서, 마음으로 고인의 영혼을 위로하고 명복을 빌지요.

장례를 통해 가족을 다시 사랑하는 계기가 되기도 해요. 고인을 다소 미워하거나 서로 불편함이 있었다 하더라도 영원한 이별이라는 큰 슬픔을 맞이하여 이를 정리할 수 있지요. 또한 평소 관계가 소원하였던 가족도 고인의 죽음을 계기로 다시 만나 사랑하는 사람의 상실이라는 큰 슬픔을 공유함으로써 그동안의 오해와 미움을 씻어내고 사랑을 회복하는 계기가 되기도 하지요.

임권택 감독이 만든 '축제'라는 영화가 있어요. 보면서 제목 참 잘 지었다고 생각했는데요. 할머니의 장례식을 계기로 가족 구성원의 갈등이 해결되는 과정을 그리면서 지금은 잊혀져가고 있는 우리의 전통장례를 보여주는 영화예요.

영화는 주인공인 작가 이준섭이 5년이 넘게 치매를 앓아온 시골 노모가 돌아가셨다는 연락을 받고 고향에 내려가는 것으로 시작해요. 장례식이 시작되면서 친척, 동네 사람, 친구 등이 모여 시끌벅적 잔치가 벌어지지요. 그 안엔 음식 장만하는 사람, 술 먹고 떠드는 사람, 노름판을 벌이는 사람 등 장례식이지만 울음보다는 오히려 웃음이 넘쳐나요.

한편, 어머니의 죽음을 놓고 가족들 간에 갈등이 드러나지요. 특히 시집와서 지금까지 혼자된 몸으로 시어머니를 모셔왔던 형수는 죽어서도 작은아들 이준섭만 챙기는 고인에 대하여 그동안의 설움이 북받쳐 흐느끼지요. 이복조카 용순이 등장하면서 가족 간의 갈등이 표면으로 드러나고 영화는 절정에 달해요. 그러나 장례식이 진행되면서 가족 간의 갈등은 서서히 해소되고, 장례식을 통해 할머니가 남겨준 사랑과 지혜를 깨닫고 화해와 웃음

으로 장례식을 마감하지요. 진정 '축제'가 된 것이지요. 우리의 전통장례가
왜 '축제'가 될 수 있는지를 잘 표현한 작품이라고 생각해요.

장례예절은 시대에 따라 다르게 나타나며 끊임없이 변화하는 것을 볼 수 있
지요. 20여 년 전까지만 해도 집에서 가족이 모여 상부상조의 전통에 따라
친척 또는 이웃의 도움을 받아 장례를 진행하는 경우가 대부분이었어요.
단독주택뿐만 아니라 아파트에서도 마당에 천막을 치고 멍석을 깔아 손님
을 접대하였지요. 이때 상가를 방문하는 사람 누구에게나 넉넉하게 음식을
대접했어요. 심지어 거지에게조차 말이죠. 그래서 상갓집에는 근처의 거지
들이 모여들어 북적거렸지요.

장례식은 지극히 슬픈 행사이지만 친척과 이웃의 도움과 참여로 슬픔을 이
겨내고 오히려 축제와 같은 분위기 속에서 치를 수 있었지요. 이 과정에서
어린아이들도 죽음의 처리 과정을 보고 배울 수 있어 자연스럽게 장례에 대
한 전통문화의 계승이 이루어졌답니다.

그러나 현재는 핵가족화된 생활로 인하여 장례절차에 무지하여 집에서 장
례식을 진행하는 경우는 거의 사라지고, 전문적인 상조업체 또는 장례식장
에 진행을 일임합니다. 따라서 경건함과 엄숙함은 점차 사라지고 있지요.
장례의 모든 일정은 장례식장 또는 상조업체에 일임하고 유족들은 그들의
지시에 따라 행동할 뿐입니다. 장례식의 주인공이라 할 수 있는 고인을 빈소

에 모시는 것이 아니라 별도의 장소인 안치실 냉장고에 넣어두고, 가족이 고인을 대면하는 것은 염습 때의 짧은 순간뿐이지요.

예로부터 상가에 대한 조문은 친척이나 가까운 이웃들이 유족이 겪는 정신적, 물질적 충격을 완화할 수 있도록 상부상조의 전통에 따라 여러 가지 도움을 주는 것이었죠. 그러나 현재는 경건하게 돌아가신 분을 애도하기보다는 얼마나 많은 조문객이 왔으며, 얼마나 성대하게 치렀는가 하는 점이 주요 관심사가 되어가고 있으니 안타까운 일이죠.

장례식장에 가면 식장 좌우로 늘어선 화환을 쉽게 볼 수 있지요. 화환 숫자가 고인과 상주의 사회적 위치를 나타내는 척도라도 되는 듯 좁은 복도가 통행조차 어렵게 화환으로 가득해요. 그런데 이 화환들이 하루 또는 이틀 후에는 모두 버려지니 얼마나 낭비인지요.

어떤 장례식장에서는 화환은 돌려보내고 화환에 쓴 명패만 벽에 걸어두는 경우도 있어요. 복도 가득 화환을 늘어놓는 것보다는 나름 바람직하다고 할 수도 있으나 화환을 보낸 사람의 입장에서 자신이 보낸 화환이 전시조차 되지 못한 것을 보면 씁쓸하지 않을까요?

그런데 어떤 단체에서 부조로 화환 받침에 꽃 대신에 쌀부대를 얹어 신선한 감동을 주더군요. 부조한 쌀은 상가에서 사용하거나 이웃돕기 등에 활용할 수 있잖아요.

과다한 화환은 장례식장뿐만이 아니라 결혼식장에도 똑같은 문제점을 가지고 있지요. 요즘 들어 일부 결혼식장에서 식장에 화환 반입을 원천적으로 금지하는 곳도 생겼어요. 화환이 늘어서 있지 않은 예식장에서 하는 예식은 깨끗하고 간결하게 보이더군요. 결혼식장과 마찬가지로 화환 반입을 금지하는 장례식장에 생겼으면 합니다.

## 삼베수의, 꼭 입혀야 할까

요즈음 장례식에서 대부분 삼베로 만든 수의를 쓰고 있지요. 삼베수의에 꽁꽁 묶인 고인을 보는 것이 불편할 때도 있어요. 고인에게 꼭 삼베수의를 입혀야 할까요?

삼베수의 대신에 고인이 평소 좋아하던 옷을 수의로 입혀보시면 어떨까요? 실은 삼베수의는 우리 전통 수의가 아니라 일제강점기부터 어쩔 수 없이 사용된 수의라고 하죠. 일제강점기 이후 삼베수의가 유행하게 된 것은 가격이 싸면서 주위에서 흔하게 구할 수 있으니까 수의 소재로 삼았던 것이죠.

삼베수의의 구성을 보면 남자의 경우 도포, 두루마기, 저고리, 바지 등 18가지, 여자의 경우 원삼, 치마, 저고리, 속바지 등 16가지로 복잡하지요. 모두 현재는 거의 입지 않는 것들이지요. 따라서 천금, 지금, 멱목, 악수 등과 같이 이름과 모양이 생소할 뿐만 아니라, 무엇에 쓰는 물건인지 아는 사람이 거의 없지만 그냥 쓰고 있지요.

또한 수의는 일반 직물이 아니라 평소에 거의 입지 않는 삼베로 만들지요. 평소에 입지 않는 소재로 만든 생소한 모양의 옷을 입으니 비록 돌아가셨다고 하더라도 불편할 것 같지 않나요? 더구나 지금 시중에 유통되고 있는 삼베수의는 대부분 중국산입니다. 국산 수의는 1년에 1천 벌 정도 생산된다고 하는데 사망자가 25만 명 정도이니 국산 수의를 입는 비율은 0.4%에 불과해요.

우리의 전통 수의는 '생전에 입던 옷 가운데서 가장 좋은 옷'이었다고 합니다. 양반들은 관복이나 심의深衣*를, 서민들은 원삼圓衫** 등의 혼례복을 주로 수의로 사용했다고 하지요. 이것은 오래된 무덤 발굴을 통해서 드러난 사실입니다. 고려시대나 조선시대 초기의 옷이 남아있지 않기 때문에 출토되는 옷을 통해서 그 시대의 옷을 알 수 있지요.

전통도 아니고 생산조차 되지 않는 삼베수의만 고집할 것이 아니라 본인이 평소에 아끼고 좋아하는 옷을 수의로 사용하였으면 합니다. 제복을 입는 군인이나 경찰관은 제복을, 양복을 즐겨 입으시는 분은 양복을, 한복을 즐겨 입으시는 분은 예쁜 한복을 수의로 입으신다면 얼마나 좋을까 하는 생각을 합니다. 아마 고인도 그것을 바라지 않을까요?

제가 여러 차례 장례식을 주관하면서 삼베수의 대신 제복이나 양복, 또는 한복을 사용해봤더니 가족들이 무척 좋아하더군요. 그래서 삼베수의에 꼭 얽매일 필요는 없다는 것을 느꼈지요.

한번은 고인이 대령으로 예편하신 분이셨는데 평소 군인으로 근무한 사실을 긍지로 여기고 계셨어요. 고인의 뜻에 따라 평소 아끼고 자랑하며 보관하시던 군복을 수의로 권하였더니 고인께서 군복을 입은 모습을 보고 가족들이 좋아하시더군요. 저도 덕분에 보람을 느꼈답니다. 삼베수의 한 벌에

● 심의(深衣) : 신분이 높은 선비가 입던 웃옷. 대개 흰 베로 두루마기 모양으로 만드는데 소매를 넓게 하고 검은 비단으로 가를 둘렀다.
●● 원삼(圓衫) : 부녀의 예복으로 갖추는 웃옷의 한 가지. 흔히 비단이나 명주를 사용하며 연두 길에 자주 깃과 색동 소매를 달고 옆을 터서 지음. 홑것, 겹것의 두 가지가 있다.

적지 않은 비용이 소요되는데 추가 비용의 부담 없이 고인이 좋아하는 옷을 수의로 사용할 수 있으니 얼마나 좋은 일인지요.

# 장례식의 중심은 고인

장례식은 고인을 추모하고 상주들을 위로하는 행사인데, 상주를 위로하는 부분은 그런대로 남아있으나 고인을 추모하는 부분을 사라진 것 같은 생각에 안타까워요.

친구, 지인 등의 부모님 상을 당하여 장례식장에 가는 경우 고인이 무슨 일을 하셨는지, 어떤 업적을 남겼는지 등에는 관심들이 없지요. 조문실에 잠깐 들러 상주와 인사를 한 후 접객실에 앉아 지인들과 담소를 나누고 오는 것이 일반적이지요.

그러다 보니 어떤 경우는 장례식장에 다녀오고도 고인의 성함이 무엇인지, 어떤 일을 하셨는지, 어떤 유언을 남기셨는지 등에 대하여 아는 사람은 거의 없지요. 장례식은 고인의 죽음을 아쉬워하고 슬퍼하는 자리가 되어야 하나 현재의 장례식에서 고인은 관심밖에 놓여 있어요. 하늘에서 이 장면을 지켜보는 고인의 마음이 어떨까요? 또 상주의 입장에서도 편치는 않겠지요.

한 나라의 문화 수준은 관혼상제를 보면 판가름이 난다고 하죠. 고인을 기리는 뜻있고, 엄숙한 장례문화를 정착시켜 나갔으면 합니다. 이를 위해 가장 쉽게 실천할 수 있는 방법을 생각해 보았어요.

장례식장에 고인에 대한 추모자료를 준비하면 어떨까요? 고인의 사진, 약력, 유언, 남기고 싶은 말 등을 패널, 동영상과 팜플렛 등으로 제작하여 비치함으로써 조문객들이 고인의 발자취를 돌아볼 수 있도록 해요.

장례식에서 돌아가신 분의 자식들의 종교가 제각각인 경우 어떤 자식은 스님을 모셔오고, 어떤 자식은 목사님을, 또 어떤 자식은 신부님을 모셔오는 곤란한 경우가 있을 수 있어요. 실제 상가에서 목사님이 예배를 보고, 이어서 스님이 염불을 하는 등 각기 다른 종교행사를 하는 경우를 가끔 목격할 수 있어요. 보는 사람의 입장에서 별로 좋아 보이지 않고, 고인의 입장에서도 상당히 혼란스러울 것 같더군요. 자식들의 만족을 위한 일이지 고인을 위한 일은 아닌 것 같아요.

죽은 후에 자식들에 의해 장례식이 좌우되지 않으려면 '죽은 후에 나를 어떻게 해달라'고 사전에 장례절차에 대한 의사 표시를 해놓아야 합니다. 장례식은 살아있는 사람의 뜻보다 고인의 뜻이 중요하지요. 고인이 돌아가시기 전에 '내 장례식은 이렇게 해다오.'라고 장례절차에 대한 의사 표시를 하였다면 자식들에게 특별한 사정이 없다면 그대로 따를 것이기 때문이지요.

〈어떤 장례식〉

박태호 교수가 쓴 『장례의 역사』에 실린 글인데, 장례식에 대하여 생각하게 하는 면이 많아 그대로 옮겨 봅니다. 현재 우리 사회의 장례문화의 병폐를 축약해놓은 듯한 글이지요.

2002년 한여름 어느 날 저녁 무렵, 한국을 대표하는 굴지의 대기업 이사인 K씨는 몇 년째 요양원에 계시던 부친께서 운명하셨다는 연락을 받게 되자 가슴이 덜컹 내려앉았다. 아버님께서 이미 오래전부터 그에게 그와 여러 손자들이 보고 싶다고 수차례 연락했음에도 불구하고, '사업하느라 바쁘다', '아이들 시험 때문에 시간이 없다'는 등등의 이런저런 핑계를 대며 요양원에 가는 것을 차일피일 미룬 것이 못내 마음에 걸렸다.

다음 날 그는 여러 사회봉사 단체에서 활발하게 활동하는 아내와 함께 시신을 모셔다 서울 시내 S병원 장례식장에 빈소를 차렸다. 비용이 꽤 많이 들어가는 장례식장이라는 것을 알았지만, 자신들의 사회적인 체면상 이 정도는 되어야 한다고 생각했다.

다음 날 그는 조간신문에 "××사 이사 K씨의 大人께서 별세하셨다"라는 큼지막한 부고도 실었다. 요란한 이름이 담긴 수십 개의 조화를 제대로 진열하지도 못할 지경이 되었다. 3일간의 장기葬期 내내 짙은 색 양복에 검은 넥타이를 차려입은 기라성 같은 인사들이 문상 행렬에 줄을 이었다. 문제는 자신은 물론 가까운 친척들 모두 장례 절차를 몰라 쩔쩔맸다는 것이다.

"검소하게 장례를 치르고 화장하여 고향 뒷동산에 뿌려 달라"라는 아버님의 생전 유언은 체면상 그렇게 할 수 없다는 아내에 의해 철저히 무시되었다. 서민들은 꿈도 못 꿀 최고의 수의와 관으로 아버지의 마지막 가는 길의 차림새를 갖추었다. 장지를 미리 마련해두지 않았기 때문에 전원주택을 지으려고 사둔 밭을 장지로 정했다. 아내는 꽤 이름 있는 지관을 불러 자손들에게 좋은 자리를 잡아달라고 두둑한 사례를 하였다.

영결식에서는 고인에 대한 추모보다는 유족들의 사회적인 지위와 활약상을 소개하는 데 더 많은 시간을 할애했다. 외국에서 수입한 검은 리무진 장의차를 앞세운 운구 행렬에는 외제 승용차들이 줄을 이었다. 〈중략〉

상례의 모든 일정은 일사천리로 끝났고, 새로 만든 큼직한 봉분에 어른 키보다 훨씬 더 높은 비석도 세워졌다. 1년 탈상이니 백일 탈상이니 하는 말들도 있었지만, 바쁜 세상에 그런 고리타분한 절차가 무슨 소용이냐는 아내의 주장에 따라 삼우제를 지내고 상복을 훌훌 벗어던졌다.

그리고 1주기가 되던 날, 제수용품을 전문으로 한다는 업체에서 만들어온 제물을 차려놓고 제사를 모셨다. 아버님 영전에 잔을 올리면서 K 이사는, "아버님, 좋은 곳으로 가시고 자손들이 잘되게 해주세요"라는 기원을 빼놓지 않았다.

— 『장례의 역사』, 박태호 지음, 서해문집, p202

# 아름다운 강산을 위한 무덤 없애기 운동

고속도로를 달리다 보면 산마다 무덤이 널려있어 무덤 없는 산을 찾기 어렵습니다. 산뿐만이 아니라 농토, 집 근처 등 전 국토에 무덤이 널려있습니다. 이것이 바람직하다 할 수 있을까요?

우리나라가 전 세계에서 숲이 가장 많은 나라 가운데 하나라고 하지요. 박정희 대통령의 치적 중에서 제일 잘한 것 중의 하나가 식목일을 만들어 나무를 많이 심은 것이라고 하더군요. 그때 심은 나무들이 자라 현재 이렇게 울창한 숲을 만들었지요.

제가 자라던 1960년대와 현재의 산을 비교해보면 격세지감이 느껴져요. 당시 우리나라의 거의 모든 산에는 나무는 없고 풀만 자라는 뻘건 민둥산이었거든요. 일제 강점기와 해방 이후 혼란기, 그리고 6.25전쟁을 거치면서 나무를 땔감으로, 목재로 무차별적으로 베어낸 결과였지요.

민둥산이라고 하면 젊은 세대들은 어떤 모습인가 상상이 되지 않을 겁니다. 가끔 TV에 비치는 북한의 산 모습이 바로 그때 민둥산의 모습이라고 생각하면 됩니다. 온 산에 나무 한 그루 없이 뻘건 맨땅이 그대로 드러나 보이는 모습이지요. 산에 나무가 없으니 지금 북한에서 겪는 것과 같이 조금만 비가 많이 오면 그 비가 그대로 흘러내려 홍수와 산사태가 나는 것이 연례행사였습니다.

매년 4월 5일 식목일이 되면 '산에 산에 산에다 나무를 심자' 라는 '메아리' 노래를 부르면서 모든 국민들이 산에 나무를 심었어요. 심지어 송충이가 심하게 창궐할 때는 깡통과 집게를 들고 다니면서 잡았지요. 현재 50대 중반 이상의 어른들은 이걸 잘 기억하고 있어요. 그런 노력의 덕택으로 우리는 지금 어디에서나 우거진 숲을 볼 수 있게 되었지요.

　메아리

　산에 산에 산에는 산에 사는 메아리
　언제나 찾아가서 외쳐 부르면
　반가이 대답하는 산에 사는 메아리
　벌거벗은 붉은 산에 살 수 없어 갔다오
　산에 산에 산에다 나무를 심자
　산에 산에 산에다 옷을 입히자
　메아리가 살게시리 나무를 심자

그런데 우거진 산을 쳐다볼 때마다 아쉽게 생각되는 것이 무덤이지요. 양지 바르고 경치 좋은 곳은 예외 없이 무덤이 자리 잡고 있더군요. 우리나라에서 제일 흉물스러운 것이 '무덤'이라고요. 한국의 산하 곳곳에 산을 깎아내고 무덤이라는 기이한 건조물을 만들어 놓았죠. 전 세계 어느 곳에서도 볼 수 없는 풍경이지요. 제가 살고 있는 곳이 산으로 둘러싸인 시골인데, 동네를 산책하다 보면 수십, 수백 구의 무덤을 만나지요.

헌데 그 모양이 아름답지 않아 무덤을 바라보는 이들의 마음도 아름다워지지 않지요. 못 본 척 피하고 싶을 정도로 자연과 후손들의 정서를 해치는 구조물이라고 생각해요. 사실 무덤에 무슨 의미가 있을까요? 조상들의 시신을 모셨지만 세월이 흐르면 모두 사라지고 아무것도 남지 않은 빈껍데기일 뿐이거든요. 영들도 거기에 없고 생기나 희망을 주지도 않지요.

전국에 소재하는 묘지 숫자가 2,000만 기에 이른다고요. '삼천리 금수강산'이 아니라 '삼천리 묘지 강산'이라는 말이 있을 정도로 전 국토(99,600㎢)의 1%(998만㎢)를 묘지가 점유하고 있지요. 산 자들의 집인 주택의 평균면적은 6평인데 비하여 죽은 자들의 집인 묘지의 평균면적은 15평이어서 무려 2.5배의 넓이를 차지하고 있어요. 더욱 심각한 것은 아무도 찾지 않고 방치된 무연고 묘지가 30%인 600만 기에 이른다는 것이지요.

요사이 조상님들의 묘지 관리에 어려움을 겪고 있어요. 묘지가 산골 여기저기에 흩어져 있어 찾아가기가 어려워 봄가을로 성묘하고 관리하는 것이 보통 정성으로 되는 일이 아니지요. 특히 도시에 살면서 고향에 있는 묘지를 관리하기란 더욱 쉽지 않지요. 그대로 방치하자니 조상님들에게 죄스럽고, 관리하자니 어려움이 크지요. 그래서 시골에 사는 친척이나 전문 업체에 관리를 의뢰하지만 근본적인 대책이 되지 못한다는 것을 누구나 공감하지요.

국민 정서상 큰 의식의 변화 없이는 대대로 내려온 무덤을 없애기가 쉽지 않을 것 같군요. 그러나 무덤으로 인한 자연훼손이 심각한 수준이지요. 현재 우리에게는 별 영향이 없다손 치더라도 우리의 후손들이 살아갈 이 땅이 무덤으로 뒤덮인다고 생각해보세요. 가뜩이나 좁은 땅에 말이지요.

일찍이 이 문제의 심각성을 깨달은 저는 자연을 회복하고 아름다운 장례문화를 우리나라에 정착시키고 싶었어요. 그래서 2010년부터 '자연회복을 위한 무덤 없애기 캠페인'을 실천해오고 있어요. 무덤 없애기 운동은 아름다운 산야에 무덤이라는 형태로 자리한 땅들을 없애고, 그 땅위에 나무를 심어 푸르게 살리고 꽃을 심어 무겁게 가라앉아 있는 곳을 즐겁고 명랑한 장소로 만드는 자연회복, 지구정화, 자연계 생태회복 운동이지요.

서울, 부산, 대구, 광주, 제주 등 전국 주요 도시를 돌면서 사람들이 많이 모이는 서울 관악산, 대구 앞산, 광주 무등산 등 등산로 입구와 통행인이 많은 지하철역에 패널을 설치하고 취지를 설명하는 유인물을 나누어주었어요.

의외로 많은 분들이 공감을 표시하고 좋은 일을 한다고 격려하는 사람들이 많았지요. 또한 구체적으로 무덤을 없애는 방법에 대하여 문의하기도 하였고요. 그러나 무덤이라는 그동안의 관행을 일시에 바꾸는 것이 쉽지 않은 것 같았어요. 왜냐하면 우리나라 역사 이래 지속되어온 관습이니까요.

그러나 조상님들을 섬김에 있어 무덤으로 관리하는 것만이 답은 아니지요.

화장 후 산골하거나 자연장지를 조성하는 것이 필요하다고요. 이를 통하여 자연을 훼손하지 않는 아름다운 장례문화를 만들어 나가면 어떨까요?

## 무덤에 모시는 것, 꼭 필요할까

**무덤 조성으로 인한 자연훼손이 어느 정도인지요?**

깊은 산 속에 무덤을 만드는 경우 무덤을 조성하기 위하여 굴착기로 길을 만들면서 무덤을 만들 자리까지 이동해요. 그 과정에서 통행의 편리를 위하여 이동로 주변의 나무들을 무참하게 부러뜨린답니다. 굴착기가 지나간 자리에 새로운 길이 생기는 것이지요. 그리고 무덤 자리에 이르면 무덤에 그늘이 지지 않고, 나무뿌리가 무덤에 닿지 않도록 주변 나무들을 자르고 뿌리까지 제거하지요.

산에 있는 나무를 자르려면 시군에 신고하고 벌목 허가를 받아야 하나 이것을 지키는 사람은 거의 없어요. 간혹 외지인이 시골 마을에 묘지를 쓰는 경우 현지인들이 나무를 훼손했다고 신고하여 벌금을 무는 경우는 더러 있지만 보통의 경우는 엄청난 산림 훼손이 이루어지더라도 그 누구도 문제 삼지 않고 아무렇지도 않게 그냥 넘어가지요.

한 인간이 평생을 살면서 버리는 쓰레기를 모으면 과히 작은 산 하나만 하다고 합니다. 한국인의 1인당 1일 쓰레기 배출량은 940g(2011~2012년 기준)으로 1년이면 343kg, 한평생을 70년으로 잡으면 24톤이나 되거든요.

『토지』의 작가 박경리 씨는 생전에 이런 말을 했다고요. "사람은 참 죄를 많이 짓는다. 태어나서 죽을 때까지 쓰레기를 산만큼 쌓아 놓고 죽는다. 동물은 똥조차도 닭똥은 계분, 소똥은 우분 등으로 다 비료로 활용하는데 사람은 염치없이 쓰레기를 산만큼 쌓아 놓고 죽는다. 그것만으로도 엄청난 죄를 짓고 죽는 것이다." 그래서 그는 생전에 쓰레기를 집 밖으로 내보내지 않으려고 노력하셨다지요.

그렇게 자연에 폐를 끼친 인간이 죽어서까지 자신의 시신을 땅에 묻어 자연에 부담을 주는 것은 못할 짓이지요. 그러므로 무덤 등을 남기지 말고 화장 후 자연장, 산골 등으로 자연으로 바로 흩어지는 것이 자연에 대한 가장 큰 예의라고 생각해요.

앞으로 살아갈 후배들에게 되도록 오염되지 않은 상태의 지구를 물려주는 것이 현재 지구에 살고 있는 우리 선배들의 도리가 아닐까요. 죽은 자는 자신의 족적이나 자취를 자연이나 환경에 남기려 하지 말고 후손이나 후배들의 마음속에 고마움이나 존경심으로 남아있게 하는 것이 아름다운 마무리가 아닐까 생각하고요.


높은 산에 오르거나 항공사진을 통해 보면 무덤으로 인하여 대지가 온통 보기 흉한 상처투성이지요. 만물이 함께 즐기고 사랑하며 더불어 살아가야 할 이 땅이 잘못된 인간들의 한낱 욕심으로 상처투성이가 되어 있어요. 그 피해는 결국 인간을 비롯한 이 땅의 만물에 다시 돌아오고 있어요. 인간은 오래 살아야 기껏 100년이고, 미련과 욕심에 묘지를 만들어도 100년이면 사라져 흔적이 거의 없어진다고요. 이러한 현실을 보면서도 수천 년 갈 것같이 산을 깎고 흙을 모으고 풀과 나무를 베어내고 갖은 석물을 갖추나 거의 100년을 넘지 못하고 사라지고 말지요.

지금 전국에 널린 연고자가 없는 무연분묘들은 거의 100년이 지나지 않은 것들이지요. 후손들이 알고도 방치된 묘, 몰라서 방치된 묘, 후손이 끊어져 방치된 묘들이에요. 이들 묘지의 주인인 죽은 자들은 그 묘에 아무런 관심이 없고, 후손들과도 연고의 고리가 끊어진 게 거의 대부분이더라고요. 무연분묘 중 자연의 회복력에 의해 원래의 상태로 회복되어 가는 경우는 그냥 두고, 방치된 묘역 중 보기가 흉한 곳은 나무와 풀을 심어 주변의 자연과 어울리게 처리하면 어떨까요?

이런 무연분묘를 보면서 자신이 죽어 화려한 무덤 아래 묻힌들 불과 100년이면 흉물이 된다는 사실을 인식하고 자신이 택해야 할 사후 육신 처리방법을 현명하게 결정해야 하지요. 자연과 함께 살다가 가장 빠른 시간 내 자연으로 돌아가는 것이  자연스러운 마무리가 아닐까요? 인간의 육신은 자연에서 온 것이니까요. 아름다운 죽음 문화의 정립이 시급한 때이지요.

최근 화장률이 급격하게 늘어나고 있는데 그 이유는 무엇인지요?

조선시대 유교가 통치이념이 되면서 조상 섬기는 것이 가장 중요한 덕목으로 생각되었고, 장례방식도 화장이 사라지고 매장 위주로 바뀌었어요. 명당에 조상의 무덤을 쓰면 자손이 번성한다는 명당발복설明堂發福說을 맹신하여 명당을 찾아 부모의 무덤을 쓰거나 자신의 무덤을 만들어 자손만대 번영을 추구하려 하였지요. 명당을 찾아 멀쩡하게 잘 있는 조상의 무덤을 이장하는 경우도 자주 있었어요. 그렇지만 조상을 명당자리에 모시는 것이 후손에게 도움이 되는지는 생각해봐야 할 일이지요.

매장 위주에서 화장이 다시 도입된 것은 일제 강점기 일본을 통해서입니다. 화장이 도입되기는 하였으나 화장에 대한 인식은 아주 부정적이었어요. 가난한 자, 무연고자, 사고사, 어린 사람의 죽음 등 불행한 죽음의 경우에만 화장을 하여, 1954년의 화장률은 3.6%에 불과했어요.

최근 화장률이 급격하게 상승한 것은 인구증가와 더불어 매장할 장소 부족과 묘지에 의한 환경 파괴를 걱정하는 사회적 문제의식이 높아지고, 핵가족화와 도시화라는 사회변동에도 원인이 있지만, 국가나 시민단체의 화장 확산운동 때문이기도 하지요. 그 계기가 된 것은 1998년 여름 집중 호우로 서울시립묘지 등 수도권 묘지의 대량 유실 사태는 매장 및 묘지 문제의 심각성을 일깨우는 계기가 되었어요. 또한 SK 최종현 회장의 화장 사실이 알려지고, 고건 서울시장을 비롯한 사회 각계 지도층 인사들의 화장 실천을 서약하였지요.

불행한 죽음에만 적용되던 화장을 재벌그룹 총수도 할 수 있다는 모범을 보였고, 사회지도층 인사들도 이에 동참하겠다고 서약함으로써 화장에 대한 부정적인 이미지가 완화되어 화장 확산의 계기가 되었어요.

※·연도별 화장률 추이

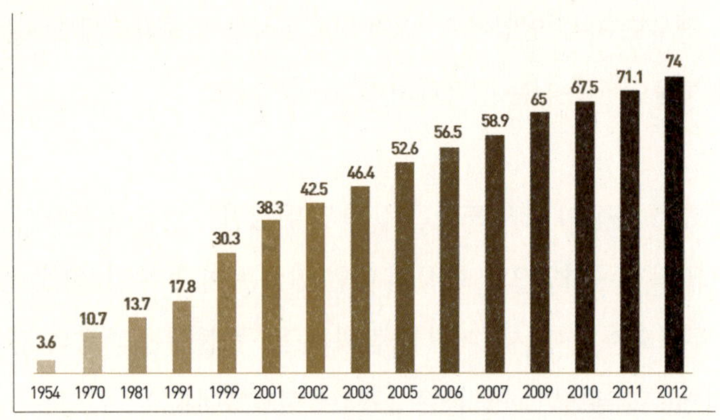


(자료 : 보건복지부, 단위 : %)

한편, 화장 확산과는 상반되게 호화분묘 조성이 사회적인 문제가 되고 있어요. 법으로 개인묘지의 기준 면적이 30㎡로 규정되어 있지만 호화분묘를 만드는 분들에게는 전혀 고려의 대상이 아닌 것 같아요. 넓은 면적에 비석, 상석 등 필요 이상의 석물石物을 설치하지요. '묘를 치장하면 집안 망한다'는 옛말이 있어요. 호화분묘를 관리하기 위해서는 많은 노력이 필요하지요.

처음 분묘를 만들었을 때는 재력이 있어 관리가 가능할 수도 있으나 세월이 흘러 재력이 없어진다면 묘지 관리를 위하여 출혈이 불가피하겠지요. 만약 제대로 관리하지 못하면 폐허가 되어 흉물스런 모습으로 남겠지요. 비석에 후손이 누구누구라고 기재되어 있는데 이를 보는 사람들이 그 후손들에게 어떤 평가를 내릴까요?

따라서 무덤을 만들려면 법에 규정된 범위 내에서 소박하게 만드는 것이 좋다고 생각해요. 소박한 무덤은 관리에 어려움도 적고, 설사 후손들이 돌보지 않는다고 하더라도 흉물이 되지 않거든요. 세월이 흐르면 봉분은 낮아지고 주위에 나무와 풀이 자라 자연으로 돌아갈 테니 말이지요.

그러나 가장 좋은 것은 무덤을 만들지 않는 것이라고 생각해요. 기왕에 만들어진 무덤이라 하더라도 제대로 관리할 수 없어 방치하는 경우에는 개인 자연장지를 조성하여 조상님들을 한곳에 모아 관리하는 것이 최선이라고 생각해요.

저는 2010년부터 '아완사(아름다운 완성을 행하는 사람들)'이라는 단체에서 활동하며, '자연회복을 위한 무덤 없애기 운동'을 펼치고 있습니다. 전국에 산재한 무덤을 없애고 아름다운 자연을 회복시키자는 운동이지요. 다음 카페 '아름다운 완성을 행하는 사람들(http://cafe.daum.net/welldyingclub/)'에 잘 설명되어 있답니다.

# 자연장지 조성이 대안이다

묘지 조성 대신에 고인을 모시는 방법에는 어떤 방법이 있을까요?

산에 다니다 보면 석재로 만든 '봉안묘'를 쉽게 볼 수 있어요. 푸른 산에 흰 돌로 만든 봉안묘, 결코 아름다워 보이지 않더군요. 조성비용도 만만치 않아서 최소 수천만 원 이상이 소요된다고 해요. 묘지는 돌보지 않으면 길어도 50~100년이면 나무와 풀이 자라 자연으로 돌아가지만 봉안묘는 콘크리트 기초 위에 석재로 만들어졌으므로 인위적으로 없애지 않는 한 수백 년이 흘러도 그대로일 겁니다. 우리나라의 정서상 한번 만들어진 무덤을 인위적으로 없앤다는 것이 참으로 어렵기 때문에 오랜 세월 동안 흉물이 될 가능성이 크지요.

대안으로 수목장을 조성하자고 주장하는 분들도 많지만 수목장도 문제가 많아요. 왜냐하면 우리나라의 경우 수목장지를 주로 산에 조성하고 있거든요. 산이라면 나무와 함께 잡목도 있고 풀도 자라야 하지요. 그런데 수목장을 한 곳에는 사계청소를 하여 나무 아래를 깨끗하게 만들어요.

우리나라의 풍습으로 보아 수목장을 했다 하더라도 자손들이 찾아와 과일이나 떡을 놓고 참배하면서 절이라도 올려야 하지요. 그런데 그곳에 풀이 잔뜩 자라고 있으면 나무 한 그루에 최소 수백만 원을 받고, 매년 관리비를 받고 있으면서 뭐 하느냐고 항의하기 때문에 주변을 깨끗하게 정리하지 않을 수가 없습니다. 그러다 보니 산이 민둥산이 되어가고 있어요. 집중호우가 내린다고 생각해보세요. 당장 어떻게 되겠어요?

그래서 저는 수목장보다는 자연장을 추천합니다. 자연장自然葬이란 화장한 유골의 골분骨粉을 화초나 잔디 밑이나 주변에 묻어 장사하는 것을 말해요. 묘지나 납골묘와 같이 흔적이 남지 않으므로 자연을 훼손하지 않고 다음 세대에 아름다운 자연을 그대로 물려줄 수 있는 장례 방법이지요.

자연장지에는 3.3㎡(1평)당 9기 정도 안치가 가능하여 1인당 평균 묘지면적이 50㎡에서 0.37㎡로 축소되지요. 매장 시 1기를 쓰는 묏자리로 60기 이상을 모실 수 있어요. 따라서 자연장지를 한번 조성하면 여러 곳에 흩어진 조상님들을 자연장지로 모을 수 있을 뿐만 아니라, 자손 대대로 계속 사용할 수도 있어 그 가족의 묘지문제는 해결된다고 할 수 있어요.

경제적인 면으로 봐도 공원묘지 1기의 구입비용이 1천여만 원 이상에 이르는 사실을 감안하면 자연장지는 한번 조성하면 추가비용 부담 없이 계속 고인을 모실 수 있어 장례비용이 절감되는 장례 방법이에요. 자연장지 조성 후 사망자가 발생하면 화장을 한 후 그 유골을 자연장지에 삽으로 구덩이를 파고 유골을 모신 후 원상복구를 하면 되니 전혀 경제적인 부담이 없지요. 묘지 관리에 있어서도 여러 곳의 묘지를 관리하는 대신 자연장지 한 곳만 관리하면 되므로 관리에 따른 시간적 경제적인 부담을 해소할 수 있어요.

어르신들에게 화장을 권하면 두 번 죽는다고 싫어하지요. 그러나 2012년도 화장률이 74.0%로서 사망자의 3/4가 화장을 하고 있으니 이제는 화장이 대세가 되었다고 할 수 있어요. 국가에서도 묘지문제를 해결하기 위하여 '장사에 관한 법률'을 개정하여 매장을 제한하고 화장을 적극적으로 권장하고 있어요.

 사람들은 한번 매장하면 묘지를 영원히 그 상태대로 유지할 수 있는 것으로 알고 있어요. 그러나 장사에 관한 법률이 개정되어 2001년 1월 13일 이후부터는 묘지의 설치기간이 15년으로 제한되어 있어요.* 따라서 15년이 지난 후에는 묘지를 파묘하고 유골을 화장하여 자연장, 산골, 납골 등의 방법으로 처리해야 해요. 아무리 화장을 싫어해도 언젠가는 화장을 하지 않을 수가 없지요. 한번 매장하였다고 하여 영원히 무덤 속에 있을 수는 없게 되었어요.

또한 화장을 하여 납골당에 모시는 경우에도 공설 납골시설인 서울시립 승화원, 세종시 은하수공원 등은 이용기간이 15년으로 제한되어 있어요. 납골당에서도 영원히 있지 못하고 결국엔 어쩔 수 없이 자연으로 돌아갈 수밖에 없는 것이지요.

● 묘지의 사용기간은 기본적으로 15년이지만 가족이 원하는 경우 15년씩 3회 동안 연장하여, 총 60년 동안 매장이 가능하지만 연장 신청이 없는 경우에는 매장기간이 15년에 불과하다.

# 죽은 조상이 후손에게 영향을 미치는가?

죽은 조상님이 후손에게 영향을 미칠까요? 매장을 하는 경우와 화장을 하는 경우 어떤 차이가 있는지요?

조상님들께서는 이미 돌아가셨지만 시신을 통해 무덤에 속에 가지고 들어간 기운에 의하여 후손들에게 영향을 미칠 수 있어요. 살아있는 사람에 비하여 무덤 속에 가지고 들어간 기운의 양이 적기는 하지만 무덤 속에서는 일심一心으로 자신의 불편한 상황에 대해서만 생각하기 때문이지요.

살아있는 사람은 생활도 해야 하고, 생각도 해야 하고, 책도 봐야 하고……, 이렇게 이것저것 하다 보면 생각이 많이 흩어지지요. 기운이 흩어져서 힘이 모이지 않아요. 그런데 돌아가신 분들은 생활하는 것도 아니고, 책을 보는 것도 아니기 때문에 일심이지요. 일심으로 무슨 생각을 하는가 하면, 살아생전에 본인에게 가장 각인되어 있던 생각을 합니다.

예를 들어 살아생전에 배가 많이 고팠다 하면 계속 배고픈 생각만 한다고요. 그렇게 계속 배고픈 생각을 하면 그 생각이 동기감응(同氣感應, 같은 기운끼리 서로 감응하는 것)을 일으켜 자신과 DNA가 같은 자손에게 영향을 주게 되지요. 그래서 조상님이 배고픈 생각을 계속하면 자손이 괜히 허기집니다.

조상님께서 자신의 불편한 상황에 대하여 후손에게 가지는 원망의 마음이 후손들에게 전해져 후손들의 건강을 나쁘게 하지요. 특히 제일 좋아하는 사람의 건강이 좋지 않게 되는 경우가 많은데, 이는 제일 좋아하는 사람과 기운의 줄이 가장 강하게 연결되어 있어 좋은 감정이나 나쁜 감정이나 모두 전달되기 때문이지요.

그래서 조상님의 산소에 문제가 있는 경우 후손들에게 건강상의 문제가 생기는 경우가 있어요. 무덤 속에 물이 고여 있는 경우 '물이 차다, 춥다'는 생각을 하면 자손이 괜히 추위를 느끼게 된다고요. 또한 조상님이 '아파, 고통스러워' 하는 생각이 강렬하면 어떤 식으로든 그 고통이 같은 기운을 가진 자손에게 전달되지요. 교통사고가 나거나 병에 걸리거나 해서 같은 감정을 갖게끔 하는 것이지요.


장례지도사로서 활동하면서 무덤을 이장移葬하는 일에 여러 번 참여하였답니다. 오래된 무덤을 이장하기 위하여 파묘를 하면 대부분 놀라운 광경을 목격해요. 무덤 속에 물이 가득 차 있고, 몇십 년 심지어 수백 년이 흘렀는데도 육탈肉脫 °이 되지 않고 매장 당시의 모습 그대로인 경우가 있지요. 제가 이장에 참여한 곳의 반 이상이 정도의 차이는 있지만 물이 차 있고 육탈이 다 되지 않았더군요.

명당과 좋은 자리를 찾아 무덤을 쓰는데 왜 이럴까 하고 생각해보니 무덤에

<hr>

● 육탈 : 시체의 살이 썩어 뼈만 남는 것.

물이 차는 것이 어쩌면 당연하다는 생각이 들더군요. 땅속에 구덩이를 파고 시신을 묻으니 땅속에 공간이 생기고, 특별히 물이 잘 빠지는 토양을 제외하고는 그 공간에 물이 고일 수밖에 없겠지요. 물이 가득 차 있으니 시신이 썩지 않아 육탈이 되지 않는 것이지요. 조상님들이 물구덩이 속에 누워있다면 자손들에게 좋은 영향을 미칠 수 있을까요?

원주에 있는 30년 된 무덤을 이장할 때의 일입니다. 돌아가신 남편이 부인의 꿈에 나타나 '춥다'는 말을 했다고 하면서 이장을 부탁해왔지요. 3남 2녀의 자제를 두었는데 사회적으로 상당히 성공한 집안이었어요. 어머니가 이장을 주장하니 자제분들이 지금까지 잘 살아왔는데 왜 아버지의 무덤을 건드리느냐고 반대가 심했지요. 우리나라 사람들은 조상의 무덤 건드리는 것을 몹시 두려워하지요. 자식들이 반대가 심해 포기하고 있는데 또 남편이 꿈에 나타나 '춥다'는 말을 계속하므로 큰딸에게 도와달라고 요청했지요. 큰딸도 내키지는 않았지만 어머니가 계속 이야기하므로 어쩔 수 없이 동생들을 설득하여 이장을 하게 되었지요.

이장 현장에 자제분들이 모두 오기는 했지만 불만이 가득한 얼굴로 파묘하는 광경을 보지도 않더군요. 그런데 파묘가 진행되어 관 뚜껑을 여는 순간 이를 지켜본 어머니의 입에서 외마디 비명과 함께 울음이 터져 나왔지요. 자식들이 깜짝 놀라 무덤 속을 보는 순간 모두 통곡하지 않을 수 없었지요.

30년이 지난 아버지의 시신이 매장 당시 염습한 모습 그대로 물속에 둥둥 떠 있는 겁니다. 그 후로 어머니에게 감사하며 이장에 적극적으로 참여하더군요.

'무덤 없애기 캠페인'을 전개하면서 조상님들의 무덤을 없애고 그 대안으로 자연장지를 만들자고 주장하고 있어요. 그 주장을 뒷받침하고 개인 자연장지의 모델을 보여주기 위하여 장인을 설득하여 경기도 포천군 신북면에 있는 저의 처갓집 조상님들의 무덤을 파묘하여 자연장지를 만들었지요. 저의 장모, 처의 조부와 조모, 증조부모, 고조부와 고조모, 모두 6기의 무덤이었지요.

장인께서 '무덤 없애기 캠페인'의 취지를 이해하시고, 쉽지 않은 일임에도 불구하고 저의 주장에 동조해주셔서 많이 감사했습니다. 그러나 처남과 처제들은 멀쩡한 묘지를 저의 주장으로 건드린다고 하여 불만이 대단하였지요.

자연장지 조성 작업이 시작되어 무덤을 차례로 파묘하는데 6기의 무덤 모두에 물이 차 있었습니다. 특히 고조부의 묘는 돌아가신지 150년 이상이 지났는데 관속에 물이 가득 차 있고 시신이 매장 당시의 모습으로 물에 둥둥 떠 있는 충격적인 모습이었어요.

이때 저와 같이 작업하던 분이 '변 씨 가족은 물과 친한가 보다. 모두가 물속에 누워있는 걸 보니.' 하더군요. 기가 찰 일이었지요. 지켜보던 처가 식구들의 입에서 한숨이 절로 흘러나왔습니다. 그동안 집안에 문제가 많았던 것이 모두 조상이 물속에 누워있었기 때문이라고 생각하는 듯했습니다. 자연장지 만드는 것 때문에 불만이 많았던 처가식구들이 저에게 연신 고맙다고 인사하더군요.

풍수지리를 따지고 명당을 찾기도 하는데, 알고 보면 고인을 위한 일은 아니라고요. 좋은 자리에 묻히면 후손에게 전해지는 혜택은 다를 수 있으나 죽은 자는 모두 자신의 업대로 묻히므로 고인에게는 큰 혜택이 없다고 해요. 산 자가 본인의 뜻대로 하고 싶으니까 그렇게 하는 것이지요.

옷을 입다 낡으면 버리지요. 죽음이란 낡은 옷을 벗는 것과 마찬가지로 몸을 벗는 것이지요. 우리가 입다 버린 낡은 옷에 미련을 가지나요? 미련 없이 버리지요. 몸도 입다 버린 낡은 옷과 마찬가지인데 무슨 미련이 있겠는지요? 후손들이 조상님의 기운을 잘 받자고 하는 일들이지요.

또한 매장이 좋지 않은 이유는 기운이 흩어지는 데 시간이 오래 걸리기 때문이지요. 땅속에 묻히면 기운이 흩어지는 데 100년은 걸린다고 합니다. 기운이 완전히 정리되어야만 다시 환생하는데 자기 몸의 일부분이 땅속에 남아있기 때문에 다시 태어나고 싶어도 100년 정도는 환생을 못 한다고 해요.

지금 기상이변으로 인하여 자연재해가 자주 일어나는데, 조상님을 어느 곳

에 모셔야 천재天災로부터 안전할지 알 수 없지요. 홍수와 산사태 같은 것들
이 무차별 공격하지요. 실례로 1998년 여름 수도권 지역의 폭우로 인하여
파주 용미리 서울시립묘지 등 수도권 묘지 수만 기가 대량 유실된 사건이
있었어요. 수만 기의 무덤들이 흔적도 없이 사라진 것이지요. 앞으로 언제
어떻게 될지 아무도 몰라요. 소위 명당자리라는 곳도 파헤쳐지고 홍수에 잠
기는 수모를 겪지요. 땅속에 묻혀서 망신당하는 겁니다.

가장 좋은 장례 방법은 화장이지요. 일단 몸을 벗으면 시신은 빨리 없어지
는 것이 좋아요. 재로 만들어 자연으로 돌려보내면 시신 속에 남아있는 기
운이 자연에 흩어져 완전히 정리되기 때문이지요. 기존에 매장을 하셨던 분
들도 묘지가 잘못되어 이장을 할 상황이라면 화장하기를 권해요.

화장을 하면 지상에 남는 것이 없으므로 자손에게 주는 영향도 없어요. 그
러나 매장은 지상에 모두 남겨 놓으므로 자손에게 영향을 끼칠 수 있어요.
불교에서도 다비식으로 하고 있지 않습니까. 화장하여 뿌리는 것이 너무 애
석하다면 납골묘를 모셔서 거기 계신다고 위안으로 삼는 것도 좋지요. 유골
을 단지 안에 모셔놓으면 아주 미세하지만 어느 정도의 기간이 될 때까지는
기운이 남아 있거든요. 그러나 가장 좋은 것은 그냥 뿌리는 것이랍니다.

웰다잉(well-dying)과 명상에 대한 강의를 한 지 8년째가 되어갑니다. 그 간 강의를 하면서 보람을 느낀 적도 많았지만, 강의를 계속 해야 하는가에 대한 의문이 들기도 했지요. 강의를 할수록 이 교육은 젊은이들이 먼저 받아야 한다는 생각이 들었는데 그들에게 강의할 기회는 적고, 주로 노인복지 관 등에서 어르신들만을 대상으로 강의하는 것이 마음에 걸렸습니다. 웰다잉 교육은 노인에게만 필요하다는 잘못된 인식 때문이었습니다. 그래서 그 러한 인식을 바꾸고 어떻게 하면 젊은이들에게 이 내용을 알릴 수 있을까 고민하다 책을 쓰게 되었지요.

젊은 사람은 죽지 않고, 나이 든 사람만 죽나요? 그렇지는 않죠. 모두 언젠 가는 죽지요. 다만 때의 차이가 있을 뿐이지요. 그렇기에 죽음에 대해 생각 해보는 기회는 빠르면 빠를수록 좋겠다는 생각이 들었어요. 왜냐하면 웰다 잉 교육이란 다름 아닌 자신의 인생을 돌아보고 삶의 자세를 다시 가다듬 는 기회이니까요. 그 기회를 빨리 가질수록 인생에 대해 생각해볼 시간이 늘어나는 것이니 청·장년층을 대상으로 할 수 있다면 교육 효과가 더 클 수밖에 없지요.

저도 나이가 들며 느끼는 거지만 나이가 들면 변화에 빠르게 적응하기가 참 어렵답니다. 오랫동안 고수해왔던 삶의 방식이 있기 때문이지요. 어르신들에게 웰다잉에 대한 강의를 하면서 느끼는 점은 강의내용에 대해서 공감하는 것은 쉽지만 강의내용에 따라 삶의 모습을 바꾸는 것은 참으로 어렵다는 것입니다.

젊은이들은 변화에 빠르게 대응하지요. 따라서 여기에 실린 태어남과 결혼, 그리고 아름다운 마무리에 대한 내용을 통해 자신의 인생을 돌아보고 앞으로 어떻게 살아야 할 것인가에 대한 인생설계를 다시 할 수만 있다면 더 바랄 것이 없겠어요.

죽음을 생각하면, 삶의 기간이 제한되어 있음을 생각한다면 당연히 삶의 기간이 소중할 수밖에 없고, 이 소중한 시간을 함부로 낭비하지 않을 것이기 때문에 삶의 자세가 크게 변화할 수밖에 없어요. 한 사람 한 사람의 삶의 모습이 건강하고 보람 있고 행복하게 바뀐다면 사회 전체가 바람직한 방향으로 변화하겠죠. 하지만 그 시작은 언제나 나로부터 비롯된다는 것을 잊지 말아야 합니다.

이 책의 제목 '내가 태어난 것은 기적이다'라는 말과 같이 인간이 지구상에 태어난 것은 실로 기적이라고 할 수 있지요. 기적과 같이 태어난 지구에서의 삶을 헛되이 보낼 수는 없겠지요. 천상병 시인이 쓴 시 '귀천'에 '나 하늘로 돌아가리라 / 아름다운 이 세상 소풍 끝나는 날 / 가서 아름다웠더라고 말하리라' 하는 구절이 있지요. 자신이 태어나기 전에 계획한 대로 보람 있는 삶을 살고 하늘로 돌아가는 날 이 세상의 삶이 아름다웠더라고 말할 수 있어야 하지 않을까요?

제가 공부한 내용을 책으로 써야겠다는 생각은 오래전부터 해왔으나 막상 책을 쓰려니 어려움이 있었어요. 제가 알고 있다고 생각했던 부분을 원고로 만들려고 하니 부족함이 눈에 띄었고, 이 내용들이 독자들에게 도움이 될 수 있을지를 많이 생각하게 되더군요. 그러나 초고를 읽어본 분들이 꼭 전해야 할 내용이라고 용기를 주어 원고 집필을 마치게 되었답니다. 책은 제가 평소 강의하면서 사람들이 궁금해하는 질문에 대해 대답하는 형식으로 진행했어요. 그 편이 독자분들이 읽기가 편하실 것 같았지요.

기적과도 같은 확률로 한 생을 부여받은 우리들, 인생이라는 길을 걸어감에 있어 이 책이 여러분께 작은 나침반 역할을 할 수 있다면 더 바랄 게 없겠다는 기대를 감히 가져봅니다. 감사합니다.

2014년 8월, 속리산 자락에서<br>웰다잉 강사 유 건 영

# 참고서적


한국의 선인들, 문화영 지음, 도서출판 수선재, 1999년

소설 선, 문화영 지음, 도서출판 수선재, 2003년

죽음의 두려움에서 벗어나는 법, 도서출판 수선재, 2010년

마지막 선물, 오진탁 지음, 세종서적, 2007년

삶, 죽음에게 길을 묻다, 오진탁 지음, 종이거울, 2010년

웰다잉지도자 교육과정, 각당복지재단, 2013년

살아있는 날의 선택, 유호종 지음, 사피엔스21, 2008년

죽음의 미래, 최준식 지음, 소나무, 2011년

사는 보람의 창조, 이이다 후미히코 지음, 김종문 옮김, 자유문학사, 2005년

웰컴투 지구별, 로버트 슈워츠 지음, 황근하 옮김, 2008년

죽기 전에 알아야 할 영혼 혹은 마음, 실비아브라운 지음, 박윤정 옮김, 정신세계사, 2006년

생의 수레바퀴, 엘리자베스 퀴블러 로스 지음, 강대은 옮김, 2008년

사후생, 엘리자베스 퀴블러 로스 지음, 최준석 옮김, 대화출판사, 2003년

나는 영계를 보고 왔다, 스웨덴보그 지음, 하재기 옮김, 2010년

스베덴보리의 위대한 선물, 스베덴보리 지음, 다산북스, 2009년

웰에이징, 박상철 지음, 생각의 나무, 2009년

모리와 함께한 화요일, 미치 앨봄 지음, 공경희 옮김, 세종서적, 2007년

생애 첫 1시간이 인간의 모든 것을 결정한다, 이교원 지음, 센추리원, 2012년
아기는 뱃속의 일을 기억하고 있다, 이케가와 아키라 지음, 김경옥 옮김, 산티, 2007년
태교는 과학이다, 박문일 지음, 프리미엄북스, 2008년
클론 인간, 생명과학에 대들다, 아오노 유리 지음, 임경택 옮김, 소와당, 2010년
태아는 알고 있다, 토마스 버니 글, 김수용 옮김, 샘터, 2007년
뇌과학이 밝혀낸 놀라운 태교이야기, 김수용 지음, 종이거울, 2011년
태교신기 특강, 박숙현 지음, 다빈치 기프트, 2013년

태어난 것은 기적이다

1판 1쇄 2014년 8월 30일
**지은이** 유건영
**펴낸곳** 수선재북스
**펴낸이** 김부연
**편집팀** 나은희, 양임정
**마케팅팀** 김부연, 박제영
**e콘텐츠팀** 김대만
**출판등록** 2013년 12월 12일(제2013-000333호)
**주소** 서울특별시 강남구 봉은사로 114길 43
**전화** 070-4045-9454 **팩스** 02-6918-6789
**홈페이지** www.ssjbooks.com
**e-mail** ssjbooks@gmail.com

ISBN 979-11-952883-0-4 13190

※ 저자와 협의하여 인지는 생략합니다.
※ 잘못된 책은 바꾸어 드립니다.